느리고
명랑하게,
매일 하는
심신단련

느리고
명랑하게,
매일 하는
심신단련

∨

。 소란한 세상에서 나만의 리듬이 필요할 때 。

신미경 지음

서사원

Prologue.

의욕 상실에 대처하는
올바른 자세

초겨울 바람이 매섭게 부는 날에도 여느 때와 같이 동네의 숲 공원을 빠르게 걷거나 뛰며 마음껏 움직인다. 체력이 많이 올라온 후로 빠른 걷기만으로는 몸에 열이 나지 않는다. 추우니까 조금 더 뛰어야지. 적당히 숨이 찬 상태로, 마지막 관문인 길고 긴 계단을 단숨에 오른다. 숨을 고르다 폐 안쪽까지 시원해지면 허리에 묶어둔 겉옷을 풀어 다시 제대로 입고 따뜻한 물을 조금씩 마신다. 어찌나 개운한지, 몸 구석구석이 활력으로 가득 찬다. 머릿속으로는 저녁에 할 일을 떠올린다. '저녁밥으로 제철 굴과 겨울

채소를 잔뜩 넣은 오트밀죽을 끓여야지. 그러고 나선 내내 책을 읽다가 잠에 드는 거야.' 건강우선주의자인 나는 언제나처럼 심신이 건강한 삶에 진심을 다하는 중이다. 아참, 요즘 들어 크게 달라진 부분이 있다면 바깥에 머무는 동안 스마트폰을 단 한 번도 보지 않는다는 점이다. 비상용이 아니라면 폰은 집에 두고 가볍게 나왔을 테지만, 아직은 가지고 있어야 안심이 된다.

'아, 느긋하게 살고 있어 다행이야.'

기지개를 쭉 켜다가 지금 나의 생물학적 나이가 몇 살인지 궁금해진다. 다른 한편으로는 안 궁금하다. 마치 몸무게가 궁금하지만 재보지 않는 것과 같다. 알고 나면 집착할 게 뻔해, 모르는 편이 좋아. 곱게 나이 들기 위한 자기 돌봄의 시간을 일상적으로 보내는 요즘이지만, 지금으로부터 고작 1년 전의 나는 컨디션이 바닥을 기었다. 심각하게 무기력하고 침울한 데다, 폭삭 늙어버린 기분(만은 아닌 실제 몸 상태도 그랬겠지만)이었는데, 부연 설명을 하자면 당시 나는 치료 목적으로 한시적 갱년기를 겪었고, '이게 노년이라면 감당할 수 없어'라고 비명을 지를 만큼 강렬한 9개월을 보냈다. 그 이후로도 몸이 회복되지 않았는지 습관처럼 출퇴근만 할 뿐 사는 게 전혀 즐겁지 않았다. 침대에 누워 스마트폰을 붙잡고 멍한 표정으로 스크롤 내리기만 무한반복하던 중 세상은 마치 나보고 들으라는 듯이 온통 '가속 노화'를 떠들어댔다. 그때 접한 가장 충격적인 소식은 3040 세대가 그들의 부모보다 생물학적 노화가 빠르다는 전망이었다! 건강하지 못한 식습관과 종일 컴퓨터 앞에 앉아 있는 현실이 낳은 운동 부족 때문이라고…. 역시 누구나 알고 있지만, 지속 가능한 실천이 어려운 그거, 그게 맞는 거로구나.

세계보건기구가 발표한 건강한 나이 듦을 평가하는 항목을 살펴보면, 꼭 신체 건강만이 아니라 사람이 잘 살아가기 위한 방향성이라고 해석해도 무방해 보인다. '내재 역량'이라 불리는 척도에는 삶의 목표가 있는지, 원활한 신체 활동을 하는지, 마음 건강을 잘 챙기는지, 또 질병 노출을 줄이기 위해 식습관 등을 잘 관리하는지를 포함한다. 한마디로 인생 중후반부의 좋은 삶을 위한 자기 돌봄 포트폴리오를 어떻게 꾸려 나가야 할지 힌트를 얻을 수 있다. 그 당시 나는 모든 면에서 삶의 질이 엄청나게 떨어진 상태였지만, 동시에 이를 고쳐야 한다는 절박감도 느끼고 있었다. 무기력한 날들에 유일하게 끌리는 자기 관리, 신체 나이가 호적 나이를 앞지르지 않도록 나는 조금 힘을 내보기로 했다.

○ **100일, 내가 원하는 건 뭘까**

'정형외과 의사들은 정말 큰 부자가 되겠어.' 지하철 한가득 고개를 숙이고 스마트폰을 보는 사람들, 그리고 그중 하나인 나. 문득 이런 세상이 싫어졌다. 잠깐 틈이라도 나면 소셜 미디어(SNS) 타임라인을 궁금해했고, 그 안에서 산발적인 정보를 접하면 접할수록 나는 점점 불행해졌다. 예컨대 내 나이대 사람들의 평균 소득이 얼마인지를 보여주는 지표에서는 내 급여가 얼마나 낮은지가 보여 순간 불만이 커졌고, 업무 만족도가 떨어졌다. 게다가 여태껏 이민은 고려해보지도 않았는데도 사람들이 우리나라 미래에 관해 비관적인 전망을 쏟아낼 때면 금방 두려워졌다. 마치 방 안에 나에게만 보이지 않는 커다란 코끼리가 있는 듯싶었다. 가끔 온라인에서 얼굴도 모르는 다른 사람들의 생각을 읽고 여과 없이 내 생각인 양 말하고 나면 부끄러움을 느꼈다. 기억력은 처참한 수준으로 전락해서 검색엔진에 아웃소싱을 준 상태였다. '아니, 이런 불만은 파편적일 뿐이야. 나는 더 이상 내가 뭘 하고 싶은지 모르겠어.' 그래서 가상 세계로부터 멀어져 현실을 살아보기로 했다. 딱 100일만. 구체적으로는 SNS와 작별하기다. 불필요한 외부 자극을 제거하면 내가 정말 원하는 바를 알아낼지도 모른다. 쑥과 마늘만 먹고 100일간 동굴에서 인내하여 사람이 된 곰처럼 나도 그 기간 동안 스마트폰 속 세상과 멀어진다면 삶의 의욕이 되살아날지도 모른다.

○ 80일, 양질의 평범한 일상을 위하여

흰머리를 한 올, 두 올 미용 가위로 자르며, 염색은 최대한 늦게 하리라 다짐한다. 갓 늙어가기 시작했음에도 나이 드는 건 너무 서럽다고 속으로 울지만, 그렇다 해도 청춘은 돌아오지 않는다. 몇 년간의 잦은 외식 탓에 식습관이 다시 엉망에 가까워진 나는 흰머리 급증의 원인이 스트레스 외에도 세포 노화를 부추기는 식사에 있는 게 아닌가 의심했다. 언제든 건강에 적신호가 켜지면 식사부터 손보고 싶어지는데, 몸의 모든 세포가 바뀌는 기간이 평균 80일이라는 기사를 읽고선 딱 그 기간만큼 식습관 교정을 해보기로 결심했다. 근래에 '혈당 스파이크'를 일으키지 않는 식사법이 주목받고 있어서 목표는 밀가루 단식으로 정했다. 빵을 안 먹고, 정제 밀가루가 들어간 모든 음식을 먹지 않는 80일을 보내면 어떤 변화가 생길까. 통곡물에서 고품질 탄수화물을 얻고, 더불어 매일 운동하며 체력을 키워나가면 정상적인 속도로 나이 들지도 모른다. 과대광고에 속는 기분은 사양인지라 이 정도의 관리로 어려질 거라는 기대는 조금도 하지 않는다. 그저 딱 내 나이만큼으로만 보이면 좋겠다.

○ 30일, 정신력이 중요해

어느 날 『아비투스』를 읽다가 '심리 자본'이란 개념을 접하고 잠시 얼음 상태가 되었다. '가장 첫 번째로 제시한 자본이 심리라니. 그러니까 돈, 명예, 인간관계와 같이 세간에서 중요하게 여기는 자본보다 심리적 자질이 뛰어난 것이 가장 큰 자산이라는 의미지?' 이 모든 생존 도구를 얻기 위한 기본기가 세상을 어떻게 바라볼지 마음먹기에 달려 있고, 이게 실제로 단련할 수 있는 영역이라고 생각해본 적이 없었다. 평소 내 마음을 관찰할 땐 명상을 했고, 감정은 글쓰기로 해소했지만 가볍게 임했었다. 정신력 키우기에 힘써봐야겠다는 의지가 치솟았지만 그보다는 최근 몇 년 사이에 잃어버린 감정부터 되찾고 싶었다. 딱 한 달 만이라도 자그마한 기쁨을 느끼는 연습을 해보자고 마음먹었다. 여태 살아오면서 '마음챙김'은 나에게 신체 단련에 비해 앞선 과제가 아니었다. 그러나 지금부터는 조금 달라질 거라는 예감이 든다.

하지 않기로 한다. 평소 문제라고 여겼음에도 끊어내지 못했던 나쁜 습관과 욕심만 많고 행동하지 않았던 모든 과제들을 버린다. 과거의 내가 품었던 꿈과 희망은 그때의 심신

에너지에 최적화되었을 뿐 지금 내 몸과 마음에는 무리다. 그럼에도 미련을 못 버리고 마음에 쌓아두었다니…. 이제 다 정리할 때다. 차라리 나를 완전히 새로운 사람으로 낯설게 바라보며 지금 가진 힘에 따라 업무량, 생활 방식, 어디에 얼마만큼의 시간을 쏠지의 모든 것을 재조정하는 편이 낫다. 아무리 애를 써도 여기에서 더 나빠지지만 않는 수준일지라도, 지금 할 수 있는 작은 시도를 해보자. 뭐라도 해보자, 그런 결심으로 다시 힘내서 살아가보자고 나를 다독였다. 내재 역량을 끌어올리기 위한 자기 돌봄은 결코 쉽지 않았지만, 결국 무기력이 이어지던 날로부터 1년이 지난 지금 나는 살아 있음을 생생히 느끼며 살아간다. 구체적이고 실행 가능한 작은 목표를 세우고, 자신이 납득할 만한 기간을 약속한다 해도 단번에 좋은 습관이 생기기란 어려워서 여러 번 실패하기도 하지만, 그때마다 '나이보다 빠르게 늙고 싶지 않아'라는 절박함이 나의 조력자가 되었다. 덕분에 지금도 앞서 소개한 세 가지 작은 시도에 두 번째, 세 번째 약속을 만들어 레벨 업을 하고 있으며, 쉽게 설레지 않는 미지근한 심장을 가졌음에도 이 같은 시도 자체가 일종의 삶의 재미로 다가온다.

'아무것도 하고 싶지 않아'라는 마음의 소리가 들리면 휴식이 필요하다는 뜻이다. 이런 마음이 계속 이어진다면 체력도 정신력도 거의 고갈되었으니 푹 쉬면서 회복하라는 의미다. 애써 버티기보다 삶에서 정말 빼버리고 싶은 과도한 자극을 과감히 없애는 편이 빠른 해결책이다. 나 아니면 세상은 돌아가지 않는다고 자신의 어깨에 지나치게 많은 짐을 짊어지는 사람들이 있다. 혹은 잠시라도 삐끗하면 낭떠러지라 여기는 강한 불안감을 가졌거나. 그러나 누구나 체력과 정신력의 한계가 있으므로 가진 것보다 더 쓰면 결국 지치고 만다. 중압감 같은 스트레스에서 벗어나 자신을 고요하고 텅 빈 상태로 만들어 몸을 다스려야 무력감에서 벗어날 수 있다. 물론 쉽게 끊어버리기 어려운 상황이나 처지도 있다. 이때는 당장 실천할 수 있는 작은 시도를 해본다. 내 시간을 가장 많이 빼앗는 스마트폰 앱을 100일간 지우겠다, 정도는 인생을 거는 결심이 전혀 아니니까. 언제나 아주 작은 움직임 하나에서 변화가 시작되는 법이다.

지금부터 나의 작은 회복 프로젝트를 하나하나씩 꺼내 보이고 싶다. 소란스러운 세상에서 벗어나 다시 나와 연결된 끝에 조용한 삶을 살아가고 있을 뿐이지만, 그 어느 때보다 삶의 정답에 가까이 다가선 듯하다.

신미경

Contents.

Prologue. 의욕 상실에 대처하는 올바른 자세 **4**

세상의 소음을 끄다
디지털 디톡스 100일

(chapter 1)

1. 도시에서 숨는 법 **17**
2. 스크린 타임은 거짓말하지 않는다 **25**
3. 중독되지 않으면 살 수 없어요 **30**
4. 5일째, 울화병이 나다 **36**
5. 굿바이 카카오톡 **41**
6. 트위터 탈출 성공기 **47**
7. 생각나서 연락했다는 다정한 말처럼 **54**
8. 물리적 거리 두기 **60**
9. 25달러의 보너스 **68**
10. 나는 밀레니얼 세대 **75**
11. 스마트폰이 없는 수상한 사람 **81**

(후기)

조금 덜 연결되어도 괜찮아 **87**

더는 소홀히 할 수 없는 것들
밀가루 단식 80일

(chapter 2)

1. 곱게 나이 들고 싶어서 **95**
2. 달지 않은 맛 **101**
3. 밀가루를 그만 먹기로 결심하다 **106**
4. 의외의 발견 **114**
5. 수수하지만 호화로워 **121**
6. 이로운 운동 생활 **127**
7. 기쁠 때나 슬플 때나 **135**
8. 나는 조금씩 달라지고 있어 **146**
9. 간결한 생활은 계속된다 **154**

(후기)

실컷 맛본 낭만보다 건강을 택한 초보 중년 **160**

마음챙김 글쓰기
낙관주의 연습 30일

chapter 3

1. 기분의 색깔 **167**
2. 단순한 기쁨 **174**
3. 서울 구경 **181**
4. 이상한 용기 **188**
5. 다시 쓰는 몸의 일기 **194**
6. 만화 카페에 가다 **202**
7. 나의 벨라 피구라 **209**
8. 사람들 이야기 **218**
9. 몰입이 필요해 **226**

후기

나의 감정 관찰기 **234**

새로운 삶의 질서
평정심 16시간

chapter 4

1. 조용한 삶의 시작 **243**
2. 한때 사자가 되고 싶었던 직장인 **249**
3. 유유자적 라이프 **257**
4. 루틴의 균형 감각 **265**
5. 차분한 열정 **271**
6. 영혼에 바치는 장미 **277**
7. 작은 목표의 힘 **283**
8. 한 번에 하나만, 모노태스킹 **289**

후기

시간 부자로 살아가기 **296**

chapter 1

∨
세상의 소음을 끄다
디지털 디톡스 100일

○ 느리고 명랑하게, 매일 하는 심신단련 ○

도시에서 숨는 법

디지털 세계는 도시의 움직이는 은둔자들이 숨기 좋은 곳이다. 횡단보도에서 신호등이 바뀌길 기다리며, 혹은 걸어가며, 지하철이나 버스 안에서 헤드셋을 낀 채 스마트폰 스크린 속에 빠져 원하는 것만 골라 듣고 보는 즐거움. 세상에 벽을 치고 있는 사람들이 온몸으로 보내는 신호는 하나다. '혼자 있고 싶어.' 어디에서든 디지털 기기를 끼고 아늑한 안식처를 만드는 '디지털 코쿠닝'이라는 세태는 주변의 다른 사람을 안중에 두지 않고, 상호 작용할 생각조차 없음을 드러낸다. 알아서들 피해 가시라. '스몸비(스마트폰

좀비)'는 오늘도 거리 곳곳에 출몰한다. 즐거움을 주는 디지털 기기에 의존해 자신만의 시간을 보내는 것 자체는 언뜻 나쁘게 없어 보인다. 낯설고 예측 불가한 타인들 속에서 신경을 곤두세우는 것보다는 현명한 선택 같기도 하다. 이런 도피가 조금씩 현실에서 마주하는, 실제 존재를 수용하거나 참는 힘을 약하게 만들고 있음을 뒤늦게 알았을 뿐이다.

'정신이 너무 산만해. 왜 사는 게 이다지도 숨 가쁜 거야.' 쳇바퀴 같은 삶은 익숙하지만, 그 안의 다람쥐는 점점 지쳐갔다. '삶의 질을 올리고 싶어. 어떻게?' 가장 손쉬운 방법은 방해물을 하나씩 치우는 데 있다. 그즈음 나는 여느 때처럼 스몸비를 피해 길을 걸으며 문득 적대감이 싹트는 걸 느꼈다. '매번 나만 부딪치지 않도록 안전 보행에 신경 써야 하는 건가.' 그사이 전동 킥보드가 나를 스쳐 지나갔다. 인도에서, 아슬아슬하게 말이다. 거리는 위협으로 가득했다. 이렇게 복잡하고 혼란한 세상에서 제정신으로 살기란 쉽지 않다. 마치 나는 단 한 번도 스몸비로 걸어본 적이 없었던 것처럼 이기적인 타인에게 불만을 터뜨린다. 오래전에 급하지도 않은 업무 문자를 보내며 길을 걷다가 맞은편에서 자전거를 타고 오던 아주머니에게 대차게 욕을 먹었던 내 모습 같은 건 기억나지 않는다는 듯이. 타인의 어떤 특정한 모습이 심하게 거슬린다는 소리는 내게도 그런 면이 있다는 뜻이다. 나의 싫은 부분을 거울처럼 보게 되면 심기가 불편해진다.

더는 스몸비로 살지 않기로 한 나는 먼저 소리로부터 멀어졌다. 내 인생의 배경음악이라며 블루투스 이어폰으로 음악을 듣거나 틈새 시간에 어학 능력을 키워보겠다고 팟캐스트를 들으며 길을 걷곤 했는데, 모두 그만뒀다. 이보다는 사무실에서 이어폰을 사용하는 경우가 더 많았다. 인구 밀도가 높은 사무실은 여러 대화가 오가곤 해서 남들의 말소리에 나도 모르게 귀를 쫑긋하며 산만해지곤 했는데, 이때 음악이 나오는 귀마개가 구세주였다. 이어폰은 전화를 받으며 메모를 할 때도 유용했다. 조금이라도 귀에 거슬리는 소리가 들리면 참지 못하고 습관적으로 이어폰을 귀에 꽂았다. 시끄러움을 막고자 볼륨을 높이다 보면 소음에 소음이 겹쳐져 정신이 더욱 사나워졌다. 난청의 위험만 높아진다는 자각에도 이어폰 없이 살아가긴 어려울 거라고 마음이 갈팡질팡하던 어느 날, 계기가 생겼다.

"드디어 1세대 에어팟이 고장 났군." 늘 한쪽 귀에 이어폰을 한 몸처럼 꽂고 사무실을 돌아다니는 동료가 침울해하며 고물이 되어버린 에어팟을 케이스에 넣으며 말했고, 나는 충동적으로 "제 거 사실래요? 얼마 안 썼어요" 하며 말을 내뱉었다. 그렇게 나의 에어팟2는 그길로 홀연히 사라져 은행 계좌에 구입 가격의 절반인 금액으로 남았다. 새로운 이어폰과 한 몸이 된 직장 동료가 후회하지 않느냐고 물었을 때는 아무렇지 않았으나 마음 한편으로는 괜히 팔아버렸나, 약간의 망설임이 찾아오기도 했다. 한동안 열린 귀가 어색해서 일에 집중한답시고 뭔가 듣고 싶은 욕구가 치밀었으나, 몇 번 참아내다 보니 1년 가까이 세상을 향해 두 귀를 쫑긋 열고 살게 됐다. 하지 않는 편이 오히려 좋잖아, 그런 홀가분한 기분마저 든다.

3년 전만 해도, 평온한 삶을 위해 몸에 부착하는 디지털 기기는 내 삶에서 뺄 거라고 호언장담했다가도 매번 약속을 지키기 힘들었다. 친구가 적극 추천해서 입문한 스마트워치는 애용하는 수준이었고, 에어팟은 내가 의도적으로 세상에서 고립되는 방법이었다. 그러나 이제 깨진 약속을 다시 이어 붙인다. 이번에는 예감이 좋다. 귀에 이어폰을 끼고 살 필요성을 못 느끼므로 열린 내 귀로 소음이 그대로 꽂힌다. 갑작

스러운 고성, 자동차 소리가 생생하게 들린다. 전동 킥보드 폭주족이 내는 소리도 기민하게 감지하고 휙 피한다. 몸을 다치면 나만 손해니까. 거리 소음을 비집고 연한 바람 소리나 새소리가 들리기도 한다. 나도 모르게 모르는 이들의 웃긴 대화를 엿듣고 웃지 않으려 입술을 악물고 참을 때도 있다. 신기하게 여러 소리가 뒤섞인 지금의 상태가 더 편하다. 도망칠 구석이 없다 보니 적응해버린다. 내가 진짜 집중하면 어떤 소음에도 아랑곳하지 않고 누가 말을 걸어도 "응? 못 들었는데?"가 된다는 사실도 참 오랜만에 느낀다.

이게 바로 진흙 속의 연꽃과 같은 기분인 건가! 혼란 속에서도 잘 버티는 평정심이 자라기 시작하자, 이내 머릿속도 개운해지길 바라는 욕심이 생겼다. 뭐라도 듣거나 보지 않으면 심심한 서울의 긴 통근 시간에 나는 주로 자료를 수집했다. 정보 저장 강박이 큰 편이라 종이책이든 전자책이든 가리지 않고 읽었고, 멍하니 있는 경우는 거의 없었다. 종이책을 읽더라도 가만히 집중하기보다 스마트폰으로 마음에 드는 구절을 바로바로 촬영하거나 화면을 캡처했고 때로는 메모하며 정신없이 정보를 취하는 쪽이었다. 궁금한 단어나 모르는 내용 역시 바로 검색하여 숨 가쁘게 뭔가를 더 얻고자 기를 썼다. 머리가 쉰 적은 없었으나 정보를 미처 소화하지 못해서 수많은 책을 읽었음에도 파일로 저장해둔 독서 노트를 열어보지 않으면 내용이 기억나지 않았다. 내게는 훗날 자료 검색에 용이한 얄팍하고 잡다한 키워드들만 남았다. 또한 부작용으로 너무 많은 정보가 생각 과잉을 불러일으켰고, 잠자리가 뒤숭숭해진 원인 중 하나가 되었다. 밤에 누워서 눈을 감고 있음에도 말똥말똥한 머리로 자꾸 업무 기획을 해댔다. 피곤했지만 버릇이 되어 곤란했다.

나는 무거운 생각들도 떨쳐버리고 싶었다. 단지 생각을 멈추기 위한 장소가 필요해서 언젠가부터 마음에 드는 야외 은둔지를 마련했다. 모르는 사람들과 일정한 거리를 유지하면서도 홀로 있는 기분이 드는 곳으로, 주로 남산이 보이는 박물관의 널따란 창가를 마주한 벤치, 동네 도서관의 예술책 서가, 햇빛이 잘 들어오는 숲의 오솔길과 같은 조용한 공간이다.

2022년 7월에 새로운 은둔 장소를 발견했다. 프랑스 예술가 장 미셸 오토니엘이 덕수궁 연못에 작품을 설치했다는 소식을 듣고서 그곳에 연못이 있었다는 사실을 처음 알았던 날, 나는 약간의 배신감을 느꼈다. '한 번도 본 적이 없단 말이야.' 덕수궁에 자주 갔기에 익숙하고 잘 안다고 여겨서 지도를 참고하지도, 누군가에게 묻지도 않은 채 홀로 고궁을 여러 바퀴 돌았다. 한참을 헤매다 땀을 평소보다 더 많이 흘린 다음에야 연못에 도착했다. 등잔 밑이 어둡다고 연못은 입구에서 오른쪽으로 조금만 걸어가면 있었다. 늘 입구에서 직진해 석조전 쪽으로만 가서 그 존재를 알 길이 없었다. 가끔은 익숙한 길이 아닌 다른 방향으로 갈 줄도 알아야 새로운 것을 발견한다. 연못 입장에서는 오히려 '계속 여기에 있었는데요? 당신이 못 본 것뿐인데요?'라고 의문을 품지 않을까.

덕수궁 연못 근처에는 아트숍을 겸한 카페가 있다. 연못을 바라보며 차를 마시는 사람들로 늘 붐비지만, 나는 편안한 카페가 지척에 있음에도 심리적 거리감을 느낀 채 담벼락 근처 벤치에 앉아서 연못을 바라보며 조용히 사색을 즐긴다. 한없이 고요한 곳이 아니라서 더 편안하다. 횡단보도 하나를 건너면 시청이 나오는 분주한 도심 한복판, 자동차 소리가 심심치 않게 들린다. 그런데 소음과 고요한 연못의 물이 이상한 조화를 이뤄 마음에 곧잘 평안이 찾아온다. 숲으로 산책을 갔다가 이곳에 나뿐이라는 자각을 하면 가끔 고립무원처럼 무섭기도 한데, 내게 친숙한 인공적인 도시와 역사적 공간 그리고 초록빛이 도는 물의 존재가 묘한 균형을 이루는 이곳은 한마디로 소란함과 고요함의 절충적인 장소다. 약간의 거리를 두고 있는 카페에 삼삼오오 모여 있는 사람들의 평화로운 분위기마저 완벽하다.

숨기 좋은 곳에 가면 느린 삶을 배운다. 아무것도 읽지 않고, 어떤 정보도 찾아보지 않으며, 누구와도 소통하지 않은 채 고요히 머물며 그저 숨을 들이마시고 내쉰다. 눈이 맑아지면 이내 머릿속이 개운해지고 청정함이 깃든다. 피부에 와닿는 지금 이 순간의 현실에 완벽히 머문다.

○
스크린 타임은
거짓말하지 않는다

"네가 디지털 디톡스를 한다고? 너는 이미 도파민 프리의 삶을 살고 있어. 얼마나 더 스님처럼 살려고 그래?"

주변의 가벼운 만류에도 불구하고 나는 언뜻 보기에 굳이 할 필요 없는 디지털 디톡스를 시작하기로 했다. 남들이 바라보는 나는 건강하고 규칙적으로 살고 있을지도 모르나, 굳이 내밀한 이야기까지는 안 해서 그렇지 내 스마트폰 사용 시간이 딱히 건강하지 않음을 스스로 잘 안다. 또한 인터넷 사용 시간도 무지무지 길다. 잘 때를 제외하고는 늘 인터넷에 연결되어 있는 셈이다. 스마트폰뿐 아니라 PC 앞에 딱 붙어 사는 사무 노동자로 일하므로 인터넷은 업무에 빠질 수 없는 도구다. 와이파이와 데이터를 완전히 끊는 디지털 디톡스까지는 어렵지만, 소셜미디어 사용 시간만 줄여도 얼마나 머리가 가벼워지고 또 많은 여유 시간이 생길까. 중독된 앱을 끊은 다음, 쏟아지는 정보만큼 수없이 추가되는 관심사 목록을 제거하자. 무엇보다 세상이 주입해대는 도무지 떨쳐내지 못하는 미래에 대한 걱정과 고민을 버리고 지금의 삶에 집중하는 방법을 찾으면 좋겠다.

나는 아이폰 사용자로, 톱니바퀴 모양을 한 '설정'에 들어가면 스크린 타임이라는 메뉴가 있다. 먼저 나의 스마트폰 사용 패턴을 확인해봤다. 일주일 동안 하루 평균 2시간 7분을 스마트폰에 사용하고 있었는데 소셜미디어 4시간 19분, 생산성 및 금융 1시간 55분, 정보 및 도서 1시간 47분을 썼다고 한다. 최다 사용 앱은 엑스(트위터)로 3시간 18분을 사용했다고 집계되었다. 스마트폰 화면을 깨운 횟수는 하루 평균 47번이고, 그중 자산 관리 서비스에 71번이나 접속해 주식 시세에 따른 잔액 변동을 확인하고 있었다. 내가 얼마나 자주 산만해지는지 집중을 못 하는지 또 어떤 앱에 중독되어 있는지가 보인다. 자제한다고 노력했는데도 내가 이렇게 자주 스마트폰을 들여다봤다고? 집요한 데이터가 나의 민낯을 보여주니 어딘가 으스스하다.

고작 하루 2시간여를 폰에 사용하는 사람이 디지털 디톡스 운운하는 것이 황당할지도 모른다. 그건 내가 100일간의 본격적인 디지털 디톡스를 시작하기 몇 개월 전부터 시동을 걸고 있었고, 그 과정에서 서서히 스크린 타임을 줄여나가고 있었기에 평소보다 사용량이 대폭 줄어든 리포트를 받아본 거다. 그동안 내가 엑스에서 보냈던 시간과 배터리 사용량은 눈을 비비고 다시 볼 정도였건만…. 지금의 스크린 타임에도 엑스의 비중이 얼마나 높은지. 게다가 단순히 스마트폰 사용 시간을 줄여야지 하는 수준으로는 뭔가 석연치 않다. 아무것도 하지 않을 때의 지루함을 참지 못하고 홀로 있으면 무조건 스마트폰을 꺼내 보거나, 심란할 때면 폰에 설치한 각종 앱을 목적 없이 돌아다니는 것도. 쇼핑, 금융, 도서 앱을 열었다 닫았다 하다가 결국 엑스를 열고 전혀 모르는 사람들이 세상을 향해 푸념하는 280자의 글을 읽고, 음식 사진을 구경하다가 때때로 숏폼 영상으로 올라오는 아프리카사자부터 집고양이까지 온갖 동물들의 일상을 보는 나를 그만두고 싶다. 원해서 찾아본 게 아니라 알고리즘이 던지는 먹이(Feed)였지만. 시간 낭비도 싫지만 겨우겨우 앱을 닫고 난 후에 느끼는 허무함이 더 싫다.

앞으로 100일간 하루 1시간 이하로 폰을 사용하고, 소셜미디어 사용 시간을 줄여보기로 한다. SNS가 우선 과제이고, 뒤이어 폰 애플리케이션도 최소만 남기고 정리해볼까 하는 마음으로 하나둘 사용 빈도가 낮은 앱은 회원 탈퇴 후 삭제하기 시작했다. 그런데 독하게 마음먹어도 쇼핑 앱에 마일리지가 많이 남아 있으면 일단 홈화면에서만 지울 수밖에 없었다. 당장 필요한 물건이 없음에도 마일리지가 아까워서 탈퇴 버튼에 손이 가지 않는다니…. 역시 가두리양식 마케팅은 알면서도 미끼를 물지 않을 방법이 없다.

소셜미디어는 홈화면에서만 삭제했는데 눈앞에 엑스, 인스타그램이 보이지 않는다. 유튜브는 뭐랄까, 나의 아침 명상과 요가 음악을 제공하는 터라 남겨둔다. 금융 앱은 하나도 지우지 못했다. 더는 계좌이체 같은 단순 업무를 보러 은행 창구를 찾지 않는 세상에서 나 홀로 대기표를 뽑고 기다릴 순 없다. 이건 배달 앱을 사용하지 않던 내가 회사에서 야근 식사를 주문하고자 식당에 전화를 걸었을 때 겪었던 난처함과 똑같다. "배달의민족으로 주문해주세요!"라며 식당 역시 전화 주문을 거절했다. 이후로 배달 앱을 깔고, 외근용 콜택시 앱도 깔고… 조금 더 빠르고 편리한 삶을 위한 수없이 세분화된 앱의 홍수 속에서 살아가게 되었다.

 쓰지 않는 앱을 탈퇴 후 삭제하고, 정리정돈을 마치니 스마트폰 홈화면에 보이는 폴더가 단 네 개만 남아 단정해졌다. 마치 처음 미니멀라이프를 접하고 서랍을 한 칸씩 정리하던 시절로 돌아간 듯하다. 꼭 필요한 앱들만 남기니 수면 시간 등을 알려주는 건강 앱을 제외하고는 푸시 알림도 없어서 마치 잠든 폰 같았다. 급하면 전화를 하겠지, 하는 마음으로 메신저 알림도 껐다. 이밖에 가입해둔 어떤 스트리밍 서비스도 없어서 탈퇴할 것은 없는데…. 아참, 가족 계정으로 보고 있는 넷플릭스가 있구나. 이건 텔레비전이라고 봐도 되겠지? 어차피 컴퓨터로 보니까 스마트폰은 아닌 거야. 이상한 합리화를 하며 이미 디지털 세상에 완벽히 적응한 내게 디톡스란 그저 '잠깐 혼자 있고 싶으니까 나를 내버려둬와 같은 말이 아니려나' 하는 생각이 스친다.

○
중독되지 않으면
살 수 없어요

　　　　　　　　새해 첫날, 정확히는 음력설이다. 아침 6시 30분 무렵 떡국을 끓였다. 지난주에 할머니가 돌아가셨고, 장례식을 마치고 부모님 댁에 들렀다가 받은 설음식 재료와 과일이 집에 있었다. 냉동실에 보관해온 재료로 요리를 하고 나니 마치 엄마가 차려준 설 아침상 같기도 했다. 기름에 부친 느끼한 전도, 데쳐서 무쳐낸 나물도 없이 달랑 떡국 한 그릇에 엄마 이름을 붙이니 많이 초라하다. 기차표를 구하지 못해서, 고속도로가 너무 혼잡하다는 이유로 가급적 명절 전에 부모님을 찾아뵙곤 했다. 그래서 정작 설이 되면 부모님께 전화로 인사만 드리고, 보통날과 다르지 않게 혼자 느긋하게 '휴일'을 보낸다. 특별히 가족이 그립지는 않았지만, 이번 설은 예외였다. 음력설을 앞두고 향년 98세에 세상을 떠난 할머니는 슬하에 다섯 명의 아들과 두 명의 딸을 두었다. 우리 아빠를 포함해 모두가 자녀를 두 명 이상 낳았고 그 자녀들이 어른이 되어 아이를 낳아서 장례식에 모인 일가친척만 수십 명이었다. 여기에 오래전 고인이 되신 할아버지와 할머니의 형제자매들까지. 그들의 자손도 많은 편이라 나는 실로 오랜만에 대가족의 기운을 흠뻑 받았다.

"왜 결혼을 안 했어? 요즘 마흔은 옛날 마흔이 아니다, 결혼해야지."

친척들이 쏟아내는 명절 단골 멘트에 시달린 것도 오랜만이었다. 집에 홀로 있는 지금은 해방감을 느끼기보다 그런 잔소리와 간섭마저 그리웠다. 누군가 나를 인지하고, 자기 영역 안의 사람으로 받아들일 때의 기쁨이 깔끔한 무관심보다 행복하다는 생각이 스민다.

헛헛한 마음에 누군가와 연결되고 싶었다. 떡국 사진을 예쁘게 찍어 인스타그램에 올리며 새해 복 많이 받으라는 인사를 하면 나를 아는 불특정 다수가 '좋아요'를 눌러주든 댓글로 새해 인사를 남겨주든 어떻게든 관심을 가져줬으면 했다. 그러나 오늘부터 나는 소셜미디어에 접속하지 않기로 결정했으니 그런 생각과 마음을 싹 접는다. 적어도 100일 동안 사적인 용도로 그곳에 들어가 관심을 갈구할 일은 없을 것이다. 게시물을 올리지도 않을 테고, 내가 팔로잉하는 이들의 일상도 '구독'하지 않기로 마음먹었다. 그러고 나니 내 곁에 살아 숨 쉬며 에너지를 나눌 현실 세계의 사람이 없다고 강하게 느낀다. SNS가 사라지고 나자 세상에 정말 혼자 남겨진 기분이다. 이렇게 멋지게 떡국을 끓였는데(사실은 평범하다) 나눠 먹을 사람도 없다는 기분에서 벗어나 보이차를 우리기로 한다. 떡국 같은 고탄수화물 음식은 평소 가볍게 먹는 아침 식사와 달리 속이 매우 더부룩하여 '왜 이런 음식을 새해 첫날 먹을 생각을 했을까'라고 조상을 약간 탓해보며 차를 우린다.

나는 내면이 공허할 때면 자연스레 화려한 사치에 마음을 기대곤 한다. 가진 보이차 중 가장 비싼 노차를 꺼내 우려 골동 찻잔에 담고, 집에 하나뿐인 에르메스 디저트 접시를 꺼내 딸기와 사과를 보기 좋게 올린다. 차를 음미하다 문득 작년 여름쯤 하라요가 수련을 마치고 참여했던 보이차 다회에서 차를 우려주던 팽주(烹主)의 말이 떠올랐다. "사람은 뭐 하나에 중독되지 않으면 살아갈 수 없는데, 그중 차가 가장 심플해요." 보이차를 마시며 중독이란 단어가 차와 연결되며 그게 또다시 심플하다는 말의 흐름을 좇다 정신이 혼란해졌다. 무엇이든 이치를 따져보길 좋아하는 나로서는 결코 그렇구나, 로 끝나지 않을 의문이었다. "어떤 부분에서 심플하죠?" 나의 반문이 이어지며 대화가 계속되었다. 결국 그 말의 의도는 다른 사치재와의 비교였다. 예컨대 고급 자동차나 고급 가방과 달리 차는 몸에 이롭고, 자리도 많이 차지하지 않으므로. 어쩐지 궤변처럼 느껴지는 말이었다.

오늘날의 즐거움은 대체로 소비와 긴밀히 연결되어 있다. 타인의 부러움을 자아내는 귀한 경험일수록 더 값이 비싸지기도 한다. 인스타그램에는 이 세상 사람들이 최선을 다해 키워낸 장미만 한가득 피어 있다. 온갖 장미를 구경하다 보면 내가 밟고 있는 진흙밭이 초라하게 느껴질 정도다. 그럼에도 지금 홀로 경험하는 호사스러운 찻자리 역시 누군가와 나누고 싶었다. 노동과 바꾼 돈을 많이 들여 마련한 다구와 차, 소박한 집과 결코 어울리지 않는 순간을 나만 알고 싶지는 않다. 내가 얼마나 근사한 일상을 누리는지 자랑하고 싶은 우월감에 찌든 인간의 본성도 분명 있겠지만, 대개 같은 관심사를 가진 이들과 예쁘고 좋은 것을 공유하며 서로 알 만하다는 눈빛을 교환하고 싶을 때가 더 많다. 공감과 관심을 바라며 수십 장의 사진에서 최고의 사진을 고르고 필터로 윤을 내어 광까지 더한다. 여기에 적절한 문구를 쓰느라 1시간여를 쓰기도 한다. 그런 결과물에 좋아요 개수가 부족하면 무엇을 '잘못'했는지 전전긍긍해하고, 게시글을 많이 노출시켜주지 않는 알고리즘의 원리를 궁금해한다. 반대로 많은 사람들이 호응해주면 그 기분에 취해 다음에도 이와 비슷한 것을 만들겠노라 은연중에 생각하기도 한다. 모두 다 사랑받고 싶은 욕구에서 출발했음을 오래전부터 알아차리고 있었다. 머리로 아는 것과 달리 오늘처럼 사랑이 고픈 날에는 가상의 관심이라도 갈구하게 된다.

소셜미디어에 나의 외로움을 즐거운 일상으로 포장해 게시하지 않은 설날 아침, 아빠와 전화로 나눈 대화를 곱씹는다. "다음 명절부터는 집에 내려와서 가족끼리 보내자. 외롭다. 이제 보면 얼마나 더 본다고." 어느덧 77세가 된 아빠의 말에 가슴이 찡했던 기억이 난다. 먹먹한 느낌도 잠시, 뒤이어 "50년은 더 보겠지"라는 아빠 특유의 유머에 내가 피식 웃음을 터트렸던 순간도. 우리 가족은 오늘 직접 얼굴을 마주 보고 농담을 나눴어야 했다. 굳이 나의 베스트 버전을 보여주기 위해 꾸밀 필요도 없고, 아무 말이나 마구 하다가 혼나거나 가볍게 싸우기도 하며, 껄끄러운 감정은 한 톨도 남지 않는 대화를 이어가야 했다. 파자마 차림으로 뒹굴다가 옆에 같이 누워 있는 늙은 엄마 품에 쏙 들어가 응석을 부리는 마흔 살의 막내딸이 되어도 좋았을 텐데. 다음 명절에는 부모님과 기름진 명절 음식을 먹고 함께 차를 우려 마셔야겠다고 생각한다. 커피를 드시는 분들이라서 한두 잔 마시면 나와 맞지 않다고 손사래를 치실 것 같지만, 동네 친구들에게 딸과 차를 마셨던 경험을 요모조모 살을 붙여 커다랗게 자랑하실 게 분명하다. 마치 내가 인스타그램에 한 달에 몇 번씩 나의 행복을 전시해왔던 것처럼.

5일째,
울화병이 나다

"위가 뭉치는 느낌이 들고, 식사를 많이 못 하겠어요. 이거 큰 병일까요? 소화는 잘되는 편이고요."

내게 생긴 불편을 주변 사람들과 상담하며 시무룩해지고 있다. 디지털 디톡스 5일째부터 조금씩 우울감이 생겼다. 먼저 입매가 굳더니 그다음은 위가 굳어서 명치 부근이 딱딱해지고 식사를 조금만 해도 배가 불렀다. 그렇다고 배가 안 고픈 건 아니라서 삼시 세끼 기계적으로 챙겨 먹었지만 전혀 입맛이 돌거나 즐겁지 않았다. 역시 소셜미디어와 멀어진 게 문제라고 확신했다. 매일 책을 읽긴 하지만, 나에겐 머리를 쓰지 않아도 바로 이해되는 쉽고 흥미진진한 유머가 필요했던 것이다! 그 후로 2일 이상 위가 딱딱하게 굳어 있었는데, 살면서 소화기관에는 특별한 문제가 없었고, 이런 경우는 평생 한 번도 겪지 못했던 증세였다. 그때 회사의 자칭 위 전문가(위가 안 좋아 스스로 전문가가 된)가 "그거 화병이야, 스트레스라고도 하지"라고 진단을 내렸다. 계속 그러면 병원에 가봐야겠지만 위 근육이 긴장 때문에 굳는, 일종의 신경성이라고 한다. 울화병, 또는 우울증 때문에 생길 수 있는 증세라나.

"저는 디지털 단식만 할 뿐 아무 문제가 없어요."

직장 동료는 자신의 울화병 진단을 부정하지 말고 나의 마음을 잘 들여다보라고 했다. 사내에서 추가 업무로 생긴 스트레스를, 기존 일에 일이 또 더해진 상황을 마음으로 받아들이지 못한 상태임을 잠시 잊고 있었다. 이런 상황은 벌써 몇 주 전에 일어났는데 여전히 못 받아들인 건가. 그 후 추가된 변화가 디지털 단식이다. 애초에 내가 왜 디톡스를 결심했을까. 일어나자마자 잠을 깨기 위해 침대 옆에 올려둔 스마트폰을 열곤 정작 소셜미디어와 증권 앱을 왔다 갔다 하는 시간이 아까워서다. 한마디로 중요한 일을 뒤로 미루는 내가 싫었다.

'이건 하루의 좋은 시작이 아니야'라고 생각했지만 한편으로 나에겐 그 시간이 세상과의 진정한 연결이었다. 세상에 무슨 일이 일어났는지 알아야 하고, 지금 인기가 급상승인 이슈도 궁금하고, 또 내게 자유를 선사할 돈은 얼마나 불어났는지 아니면 쪼그라들었는지 매일 확인해야만 했다. 그러나 그런 목적을 달성한 이후로도 눈을 떼지 못하고 엑스의 타임라인을 훑으며 '세상에는 이렇게 불행한 사람들이 많구나' 하고 묘한 동지의식을…. 그래, 세상의 멸망이 얼마 남지 않은 것 같다. 그렇게 동태눈으로 하루를 시작했다.

디지털 세계와 멀어지기로 결심하자 삶은 점점 무료해졌다. 나는 오래 미니멀라이프를 추구하며 스님까지는 아니지만 저자극 생활을 이어가고 있는 편이다. 오랜 손쉬운 도파민 공급원이었던 쇼핑이 사라지고, 텔레비전을 없앤 후 빈자리를 채웠던 소셜미디어 속 욕망을 자극하던 모든 콘텐츠가 없어지고, 외부의 자극도 멀어지자 나의 내면 욕구를 충족할 신나는 일을 찾지 못했다. 과거의 경험을 더듬어서 늘 가는 곳만 가고 하던 일만 했다. 그즈음부터 주기적으로 여행을 계획하지 않았으며, 사람들과 어울리는 일도 드물었다. 자극이 약해지자 수시로 반짝이던 가짜 설렘이 어느새 급속도로 줄어

들었다.

지난날 나의 모든 욕망의 출발점은 주로 소셜미디어였다. 영화 중 〈오펜하이머〉가 트렌드면 그걸 봤고, 라면에 순두부를 넣어 먹는 레시피가 자꾸 보이면 라면을 끊은 지 오래여도 라면을 끓여 먹어보아야 직성이 풀렸고, 그다지 관심 없었던 고양이 같은 동물도 타임라인 노출도와 비례해 호감이 커졌다. 그러나 해도 그만 안 해도 그만인 인기 키워드들이 그립지는 않았다. 내가 디톡스로 잃어버린 첫 번째 감정은 기대감이었다. SNS에 접속하기 전부터 궁금했다. 어떤 대화들이 오갈까, 누군가 내 게시글에 반응을 했을까, 혹은 이메일을 열면 멋진 업무 제안이 와 있지 않을까, 같은 바람을 안고 각종 앱을 주기적으로 열어보곤 했다. 그러나 이제는 없다. 그런 기대감이야말로 도파민의 실체가 아닐지. 복권 명당으로 알려진 집 앞 가게에는 토요일이면 사람들이 길게 줄을 서는데 복권에 전혀 관심이 없는 나는 사람들이 왜 희박한 확률에 돈과 시간을 낭비할까 곰곰이 생각하다, 결국 그들도 복권을 통해 기대감을 산다는 결론을 내렸다. 일확천금에 대한 들뜬 마음이 줄을 서는 순간부터 시작되니 몇천 원을 내는 게 대수일까.

연결감 제로, 사이버 교류 중단에 따른 부작용을 겪고 있긴 하지만 건강한 도파민을 어떻게 만들어야 할지는 아직 모른다. 현실에서는 원치 않는 회사의 포지션 추가를 받아들이거나 퇴사하거나 하는 마음속 갈림길에 서 있지만, 결단을 내리지 못하는 내가 한심해서 알게 모르게 화가 쌓여 있었다. 보통 이럴 때는 '블라인드'와 같은 온라인 직장인 커뮤니티에서 나와 비슷한 경우를 찾아보며 치유받아야 하나 그렇지 못해서라고 나름대로 분석해보지만 놀랍게도 나의 이러한 증상은 몇 개월 후 회사를 그만두기로 결정하자 완전히 사라졌다. 단 한 번도 위가 멈춘 듯한 기분이 들지 않았고, 식사량이 줄 때는 있을지언정 식욕이 떨어진 기간은 없었다. 커다란 스트레스를 주는 환경에서 벗어나지 않는 이상 치유될 방법이 없는, 디지털 디톡스와는 전혀 상관없는 진짜 울화병이었다.

○
굿바이 카카오톡

　　　　　　　누군가 카카오톡(카톡) 프로필 사진을 바꾸면 새로 업데이트한 프로필이라고 하여 평소 관심도 없던 사람들의 현재 상태가 목록 상단에 뜬다. 생일이어도 그렇다. 애매하게 친한 사이, 혹은 알고 지내지만 그다지 챙겨줄 이유가 없는 사이라면 메시지를 보내지 않지만, 친구라면 챙겨줘야 한다. 한때는 내게도 카톡이 사이버 사교장이었는데, 어느새 이곳은 그냥 일적인 대화가 오가는 도구로 바뀌었다. 인스타그램에 전시하는 행복만큼 이곳에서도 사람들은 자신이 누구인지, 지금 어떤 관심사가 있는지를 프로필 사진(프사)으로 지정해두거나 배경 사진, 혹은 글로 남겨두곤 한다. 어쩌다 잘 모르는 사람들의 삶의 한 파편을 무의미하게 들여다보고 있노라면 내가 심적으로 건강하지 않다는 증거 같다. 건강한 마음이라면 아무렇지도 않을 어떤 모습들에 은은한 비교가 싹틀 때면, 상처받지는 않지만 그렇다고 무감하지도 않다. 아주 잠깐 업무로 얽혔던, 속내를 전혀 모르는 사람들이 대부분인 친구 목록은 마치 아침 출근길마다 마주쳐 낯익은데 실상 전혀 모르는 사람들 같다. 물론 그들이 내보이는 이미지와 짧은 텍스트로 자신이 누구인지 보여줄 때면 더 친근해지긴 하지만.

나는 같은 프로필 사진을 쭉 써오고 있다. 아마 5년은 훌쩍 넘었을 것이다. 하얀 배경, 하얀 꽃병에 분홍빛 작약 한 송이가 꽂힌 사진이다. 이 사진만 봐서는 나라는 인물을 식별할 수 없다. 커버에도 사진을 올리지 않았고, 구경할 만한 다른 사진도 없다. 전화번호가 아니라면 이게 정말 나인지 알 수 없는 그 사진이 사이버 사교장을 떠난 무미건조한 나를 드러낸다. 대부분의 경우 프사만 보면 어떤 사람인지, 근황과 지금의 심리 상태를 눈치채곤 한다. 갑자기 회색 인간(사진이 없는 설정 기본값)이 된 사람은 무슨 일이 있구나 싶고, 아이 얼굴이면 기혼자, 개나 고양이 사진이라면 귀여움을 애정하는 이들이다. 카톡의 주요 기능이 업무용이거나 혹은 멀티 프사를 사용하는지 회사 로고와 함께 등장하는 유형도 있고, 때때로 공개 연애 사진이 올라오면 예고편일 뿐이고, 이윽고 결혼사진으로 이어진다. 대부분 프라이버시 침해에 민감해하면서도, 개개인의 작은 홍보 공간에서는 앞장서서 아이 얼굴부터 자신의 근황까지 공개하는 선택적 잣대를 적용한다.

내게 카톡은 대부분 업무용이라서 카톡 알림은 전혀 설레지 않고 오히려 깜짝 놀라는 느낌에 가깝다. 특히 주말에 울릴 때면 너무 싫다. 그중 제일 싫은 것은 단톡방이다. 효율을 중시하는 이들이 만든 이곳은 누가 어떤 이야기를 하는지 파악하기도 버거운데 자꾸만 알림이 울리는 가장 소란스러운 대화방이다. 디지털 디톡스를 실천하며 카톡 알림을 완전히 꺼두고 퇴근 후나 주말에는 '진짜 급하면 전화를 하겠지'라는 태도로 살았다. 다만 가끔 카톡으로만 연락하는 친구와 오프라인에서 만날 약속을 잡으면 수시로 들어가 대화를 확인해야 하는 번거로움이 생기긴 했다. 그러나 내가 실시간으로 카톡을 확인하지 않음을 알면 다들 답답함에 전화를 걸어온다. 그러고도 "카톡 확인 좀 해"라는 말이 전부라서 이왕 전화한 김에 그냥 용건을 말하지…라는 아쉬움이 남는다. 나만 느끼는 이상한 번거로움이기도 하다. 나도 친구나 가족처럼 가까운 관계에서는 전화를 하는데, 엄지손가락 아픈 채팅보다 쉽고 편하고 감정 전달도 잘되기 때문이다. 그보다 더 좋은 쪽은 당연히 얼굴 보고 이야기 나누는 것이고.

요즘 나는 굳이 텍스트로 용건을 보내야 한다면 문자메시지가 더 좋다. 핵심만 말할 수 있어서다. 메신저는 사이버 사교장이라서 그런지 이상한 예의가 존재한다.

'안녕하세요' 다음에 바로 용건을 말하는 쪽이 좋다.
vs.
'안녕하세요'라고 말한 다음 상대가 답을 해야 말을 하는 게 매너다.

나는 둘 중 용건을 바로 말하는 쪽이다. 인사만 먼저 하면 상대방의 답장이 올 때까지 대기 상태가 된다. 끝맺음도 어렵다. 거의 업무용으로만 카톡을 써서 그런 걸까. 한때 답이 너무나도 늦는 사람과 프로젝트를 진행한 적이 있었다. 전화 연결도 잘 안 되고 메신저 답변도 2~3일이 지나야 오고. 그때는 그 사람이 나를 무시하는 건가 싶을 정도로 별별 생각이 다 들었는데, 알고 보니 그냥 업무 스타일이었고 적응하고 난 뒤로 나 역시 카톡에서 문자를 보내듯 용건만 말하고 만다. 선별적으로 답을 하며 대화의 주도권을 쥔 상대의 답변을 기다리는 동안 애가 타는 건 내 쪽일 뿐, 상대방은 다른 기준이 있을 터였다. 나는 늘 시간이 부족했기에 일에서 효율을 매우 중시했고 상대방의 응답 속도가 종종 답답했다. 하지만 나만큼의 빠른 즉답을 원했던 건 어디까지나 내 사정에 불과하다. 그런 대화법이 나쁘지 않다는 생각도 문득 들었다. 왜 칼같이 답해야 하는가. 또는 상대에게 빠른 답변을 맡겨놓았다고 여기는가. 이메일도 마찬가지다. 실시간으로 연결되는 시대에 살면서 기다림은 귀한 태도가 되었다.

'그러고 보니 모모는 어떻게 살고 있을까.' 문득 어떤 사람이 생각나는 날이 있다. 그때는 연락하고 싶어도 주저함이 앞선다. 너무 오랜만에 연락하는 사람들은 대부분 무언가를 팔고자 하는 목적을 갖고 있다. 나도 그렇게 오해받을까 봐 연락하기 망설여진다. 그러다 프사를 확인하고 행복해 보이면 '잘 살고 있구나' 하는 마음에 굳이 연락해 안부를 묻고 싶은 마음이 사라진다. 지금껏 살아오면서 만난 누군가도 내가 갑자기 생각나는 날이 있을까. 연락하고 싶은데, 요리조리 찾아보다 내 소셜미디어 계정만 실컷 구경하고, 역시 잘 사는 것 같네, 하면서 나에 대한 그리움을 접는 날이 있을까. 그런 이가 있다면 이런 말을 건네고 싶다.

사실 나는 네가 보는 것만큼 근사하거나 잘 살고 있지는 않아. 자주 연락하며 지내자는 말뿐인 인사는 싫으니까, 그냥 만나서 오랜만에 얼굴 보며 이런저런 얘기 하면 좋겠다.

트위터 탈출 성공기

"보라카이는 어때?" "여행은 어디든 가자고." "하하." "호호." (친목도모를 하던 중년 여자 4인방)

"제1차 세계대전 때 대통령이 누구였지?" "윌슨." "그 민족자결주의가…." (학구적인 아빠와 딸의 대화)

"그린데이가 기타 정말 못 치는 거 알아? 딱 봐도 잘 칠 수 없는…." "시장 방향이 이쪽인가?" (각자 하고 싶은 말만 하는 10대 아들과 그의 부모)

혼자 안산 봉수대 방향으로 날랜 다람쥐처럼 걸어가는 내 귀에 수없이 많은 조각난 대화들이 들린다. 듣고 싶지 않아도 그냥 노출된다. 새소리를 들으며, 우연히 정면으로 눈이 마주친 청설모가 코알라를 닮았다고 생각하며 걷는 산책길은 따스한 봄날 주말이라 그런지 인파가 상당했다. 고요한 시간보다 사람들이 떠드는 소리에 자꾸 정신이 팔렸는데, 순간 '이건 오프라인판 트위터다!'라고 생각했다(엑스로 서비스 명칭이 바뀌었지만, 대중적으로는 여전히 트위터가 익숙하니 이번만큼은 트위터라 부르고자 한다). 내가 앱을 숨기고 접속하지 않은 지 벌써 일주일이 된 소셜미디어가 산책하다 생각났다. 사고가 깊어질 여운 따위 없이 쉴 새 없이 온갖 주제의 대화들에 노출되었다가, 갑자기 여러 동물이 '짠' 하며 등장하고, 지나가는 강아지가 멍멍 짖어대는 실시간의 현장이 트위터와 다를 바 없었기 때문이다. 결국 나는 사람 많은 산책길을 피해 안산의 정상으로 향했다. 가벼운 마음으로 수없이 온 곳이지만 정상까지 오르기로 결심한 건 처음이다. 가쁜 숨을 내쉬며 바위를 오르고 나니 탁 트인 시야에 답답함이 사라지고 한눈에 청와대, 남산타워 등 서울의 랜드마크들이 보인다. 디지털 디톡스 이후로 접속하는 SNS가 하나도 없고, 처음 보는 멋진 풍경도 아니라서 스마트폰 카메라로 세상을 편집할 마음이 들지 않는다. 그저 망망대해 같은 시가지의 빼곡한 건물들, 그 옆에 곁들임처럼 어우러진 자연 풍광을 난간에 팔을 괴고 망연히 바라볼 뿐이다. 주말이라 업무차 연락 올 사람도 없어서 스마트폰은 위기의 순간에 꺼낼 호신용품처럼 작은 배낭 속에 잠들어 있다. 눈에 편안하게 담기는 세상의 모습이 한가롭기만 하다.

산에 다녀온 다음 날, 불현듯 이제는 헤어질 때라고 생각했다. 디지털 단식을 한 지 고작 8일 만이지만, 나는 10년 넘도록 함께했던 트위터를 갑자기 탈퇴해버렸다. 아침에 일어나자마자 가볍게 계정을 삭제하고 앱을 지웠다. '떠나신다니 아쉽습니다 #Goodbye'라는 마지막 인사에 질질 짜고 울고불고할 필요도 없이 쿨하게 이별했다. 30일 동안 계정이 비활성화된 이후에 완벽하게 삭제될 터였다. 그토록 중독적으로 사용했던 트위터를 가볍게 지울 수 있었던 이유는 구독계(콘텐츠를 올리지 않고, 구경만 하는 계정)였기 때문이다. 나는 잭 도시가 트위터를 만들고 한국어 서비스가 막 생겼을 적부터 계정을 만들어 트윗을 했고, 몇 해 전 일론 머스크가 인수하여 이름이 엑스로 바뀐 후로도 변치 않는 애정으로 아침에 일어나, 밤에 잠들기 전, 그리고 일과 틈틈이 스낵처럼 가볍거나 때때로 묵직한 수많은 대화를 읽었다. 트위터에는 세상을 향한 불만과 비난으로 점철된 염세주의자들이 많아 쇼펜하우어의 책을 따로 찾아볼 필요가 없을 정도다. 이 세상의 날카로운 인생관은 여기에 다 있는 듯하다. 여덟 개의 삶의 어려움과 온갖 논란거리에 대한 찬반 토론 그리고 한 개의 상품이나 광고 홍보 글, 한 개의 강아지나 고양이 사진이 어우러지는 플랫폼. 내가 아는 그 어떤 소셜미디어보다 가장 현실과 비슷했기에 트위터는 나의 배터리 사용량의 지분을 매우 많이 차지했으며, 이번 디지털 디톡스의 가장 큰 숙제이기도 했다. 하루아침에 엄선한 나의 팔로잉 계정 100개와 절교한 뒤 고립된 기분을 약 5일간 겪기도 했지만, 이내 머릿속이 보다 깨끗해지고 잉여 시간이 엿가락처럼 늘어나 있음을 알게 되었다.

사람들의 대화가 실시간으로 이어지는 텍스트 중심의 소셜미디어는 광장 한복판에 앉아 있는 것과 크게 다를 바 없다. 그걸 알고 있음에도 나는 왜 유독 디지털 소통에 시간을 빼앗겼고, 정신이 산만해지는 모든 책임을 트위터로 돌렸을까. 산책하듯 트윗을 구경할 때, 누운 상태로 스마트폰만 들여다보면 머릿속에만 자극이 가득하고 몸은 둔한 상태가 되었다. 반면에 숲을 거니는 산책길엔 몸을 움직이면서 지나가는 사람들의 대화를 흘려듣게 된다. 게다가 모르는 사람일지언정 얼핏 그들의 얼굴 표정과 말투에 어떤 감정이 담겨 있는지도 기민하게 파악했다. 아무리 글을 잘 쓰는 '트위터리안'일지라도 온기 있는 사람에게 즉각적으로 느끼는 모든 감정과 말투까지 글로 세세하게 담아내지는 못한다. 그래서인지 논란이 될 만한 소재들을 떡밥처럼 던져대는 트위터에서는 싸움이 너무 잘 일어난다. 어쩌면 나는 부정적인 이야기들, 세상의 종말론에 지쳤는지도 모른다.

일전에 산 정상에 올랐다 내려와 벤치에서 쉬며 책을 읽는데, 한 여자 등산객이 근처에 앉아 레드향을 까먹었다. 그 냄새에 홀린 듯 나도 모르게 슬쩍 쳐다봤고 머릿속에 크게 메모했다. '집에 돌아가는 길에 슈퍼마켓에 들러 레드향.' 가끔 내면의 목소리는 내가 외부에서 수집한 모든 정보와 욕망을 필터로 거르고 거른 순수한 소리가 아닐까 생각한다. 동기부여나 욕구는 나로부터 생기는 게 아니라 주변 환경에서 기인하고, 타인의 욕망을 나와 합치시켜 발견하는 것이 아닐까. 계획에도 없던 레드향 다섯 개를 충동구매해서 집에 오니 더더욱 트위터 같은 산책길이었음을 실감한다.

내가 트위터를 지우기 전 마지막으로 본 것은 가속 노화라는 말을 유행시킨 의사가 타임라인에서 열심히 활동하는 모습이었다. 한 인터뷰에서 소셜미디어의 중독적 사용이 가속 노화를 일으킨다고 인터뷰했음에도 불구하고, 트위터에서 그 누구보다 활발하게 글을 쓰고 인용을 위해 리트윗을 하며 밈을 응용한 글쓰기로 어느새 트위터에서 유명인이 되었다. 이것이 바로 노화를 연구하는 의사도 끊지 못하는 SNS의 매력일까. 훗날 그는 '목적 있는' SNS 사용에 대해서 말했다. 확실히 SNS는 여러 목소리와 관점을 한눈에 살펴보는 재미가 있고 실시간 트렌드를 파악하는 확실한 도구다. 좋은 점을 모르는 바는 아니다. 나의 염려도 100일 디톡스가 끝나자마자 바로 "그리웠어!" 하며 그토록 헤어지고 싶었던 트위터에 다시 가입할지 모른다는 것이었다. 하지만 나는 200일이 지나도 트위터를 찾지 않았다. 그다음 300일이 지나면? 어떤 이유로 다시 가입하게 될지도 모르겠으나 아직은 트위터에서 오가는 실시간 세상이 궁금하지 않다.

트위터에는 온갖 분야의 전문가와 재야의 고수 같은 지식인이 많다. 누군가 뭔가를 궁금해하거나 의견이 맞지 않아 논쟁이 붙으면 숨어 있는 지식인이 등판해 물샐틈없는 논리로 논란을 평정하기도 한다. 게다가 텍스트 기반 소셜미디어라서 수시로 온갖 책을 읽고 펴내는 사람들이 수두룩하다. 출판 관계자가 많아 업계 트렌드와 일종의 험담이 익명에 기대어 올라오기도 한다. 오죽하면 트위터 특산품이 책이라고 하겠는가. 모두 책을 한 권 이상씩 내고 홍보한다. 이미지 기반 SNS인 인스타그램에 '팔이피플(물건 파는 사람)'이라 칭하는 이들이 많은 것처럼 그만큼 활자를 좋아하는 이들이 트위터에 많이 모여 있고 나 역시 글에 반응하는 사람이라 인스타그램보다 훨씬 중독적으로 트위터를 사용했다. 인간 사회의 사이버 버전인 이곳에서 좋은 사람, 나쁜 사람, 이상한 사람을 구경하고 나면 개성 넘치는 친구가 100명은 있는 기분이었다. 트윗을 보자마자 당근라페에 홀려서 바로 온라인 장보기로 당근과 홀그레인 머스터드를 샀던 기억부터, 전혀 모르는 사람들이 세상을 보는 관점에 물들어 암암리에 주변 사람들에게 그걸 설파했던 부끄러운 기억까지 있다. 가끔 내가 오프라인에서 "들은 이야기인데…"라는 말로 시작한 에피소드는 모두 트위터에서 본 농담이나 사연임을 밝힌다.

○
생각나서 연락했다는
다정한 말처럼

디지털 디톡스를 하던 중에 퇴사한 나는 정말 오프라인 상태가 되었다. 스마트폰은 보고 싶지 않았고, 걸려 오는 전화도 받기 귀찮았으며, 메시지 또한 궁금하지 않았다. 세상과 연결을 끊고 집에서 천장만 바라보고 누워 내 인생은 어디서부터 꼬였는가, 또 나의 화려했던 퇴사 후 계획이 왜 구렁텅이에 처박힌 걸까 생각했다. 온갖 잡다한 생각을 떠올렸다 흘려보내며 시간조차 잊고 살았다. 초반에는 종일 일하지 않는 내가 몹시 어색했다. 그렇게 일주일쯤 지나자 게으른 생활에 완벽하게 적응했고, 출퇴근 시절이 전

생처럼 아득하게 느껴졌다.

　　매일매일 책과 영화 그리고 드라마에 빠져 지냈다. 그러나 건강한 쉼과는 달리 심신이 점점 더 망가지고 있었다. 그렇게 3주가 흘렀고 더는 이렇게 살면 안 된다는 위기감에 다시 몸을 일으켰다. 그렇다고 세상 속에 나를 도로 던지고 싶지는 않았다. 외출할 때도 무거운 짐 덩어리로 전락한 스마트폰이 없는 편이 홀가분했다. 걸어서 동네를 돌아다니다 보니 모르는 길이 없었다. 더구나 스마트폰 안의 세상은 굳이 디톡스를 힘내서 하지 않아도 전혀 궁금하지 않았기에 나는 완벽하게 자유로웠다. 슬슬 지루함이 몰려오지 않았다면, 권태의 늪에 빠져 질식할 듯한 기분만 아니었다면 아무것도 하지 않았을 텐데. 점점 생각이 무거워지자 글이 쓰고 싶어졌고, 딱히 하고 싶은 일도 없어서 오히려 세상 온갖 이슈들이 궁금했다. 그러다 몇 가지 프리랜서 일거리가 들어와 다시 책상 앞에 앉았다. 업무 연락이 오가니 스마트폰에도 신경을 썼다. 업무가 아니라면, 나는 스마트폰 없이도 살아갈 타입일지 모른다. 그러고 보면 트위터도 실시간 트렌드를 파악해야 하는 직업상 필요하다고 판단해서 그토록 오랜 시간을 쓰다가 중독된 게 분명하다. 일이 사라지니 소셜미디어 단식은 허망한 일이 되어 사라지고 내가 운영하는 블로그와 인스타그램 계정마저도 어쩌다 한번 둘러볼 뿐 전혀 관리하지 않았다.

작가님 무슨 일 있으신가요? 걱정이 되어서요.

가뜩이나 한 달에 몇 번 되지 않는 게시글을 인스타그램에 올리며 매우 드문 업데이트를 하고 있었는데, 소셜미디어 단식 기간—고작 3개월 남짓이었지만—동안 아무 글도 올리지 않자 몇 명의 독자들이 걱정을 표했다. 얼굴도 모르는 누군가가 나의 안위를 걱정해준다니, 이상한 따뜻함이 느껴졌다. 소외된 이웃에게 온정의 손길을 베푸는 이들을 걱정시킬 수야 없지. 어떤 게시글이든 올려서 내가 생존해 있고 큰 문제가 없음을 밝히자고 마음먹었는데 문득 '뭘 올려야 하지?' 싶어 난감했다. 뽐낼 만한 것도, 공유하고 싶은 따끈한 소식도, 하고 싶은 말도 생각나지 않았다. 쓰지 않았더니 고장 나버린 감각 때문에 자연스러운 게시글을 올리지는 못했지만 나의 건재함은 밝혔으니 궁금증은 덜어드렸길 바란다. 어떤 의미에서는 내가 관심이 고픈 사람처럼 느껴지기도 했다. 어쩌면 나는 혼자가 좋다고는 하지만 진짜 고립을 바라는 건 아닐 거라고 생각했다. 내가 그동안 해왔던 디톡스가 사실은 잠수였나 보다. 아니면 '스마트폰에 방해받지 않고 몰입의 시간을 가지겠어, 건강한 정신을 위해!'라는 다짐 뒤에 감춰진 속내는 '심신이 힘들어, 그래서 모두 싫다!'는 응석일지도 모른다.

그즈음 신문도 읽지 않았기에 정치와 사회 이슈에 무지해졌다. 만약 이대로 사회생활을 했더라면 어떤 대화에도 끼지 못하겠다는 한탄이 절로 새어 나왔으나 한편으론 책『누구에게나 신이 필요한 순간이 있다』에 등장하는 프란체스코회 수도사들 같기도 했다. 텔레비전과 라디오, 인터넷 없이 살아가는 수도사들은 현실 세계에서 일어나는 일은 잘 모르지만, 정말 중요한 뉴스라면 무엇이든지 자기들이 듣게 될 거라고 생각한다. 적극적으로 최신 뉴스를 찾아보지 않은 내 귀에도 당시 화제를 모았던 영부인의 명품 파우치 논란과 국내 5대 병원의 의사들이 의대 모집 정원 확대에 반대하며 모두 사직서를 던졌다, 라는 소식은 들렸다.

오프라인 상태로 홀로 유유자적하게 지내는 동안 참 많은 글을 썼다. 하루의 사건이나 깨달음을 적는 일기가 아닌 그냥 머릿속에 맴도는 언어를 화면에 입력하는 행위로써의 글을. 우리는 매일 많은 생각을 하지만, 그 성질이 고민일 경우 똑같은 생각을 반복하므로 머리가 아프다. 반면 사고를 깊게 하면 머리가 무겁다. 어떤 경우라도 본능적으로 머리를 비우고 싶으니 대화 상대가 있으면 말로 쏟아내고, 나처럼 혼자 지내면 글쓰기에 의존한다. 인간은 누군가와의 소통이 생존에 필수인 생물이 아닐까. 갑자기 영화 〈캐스트 어웨이〉에서 무인도에 떨어진 주인공 척의 배구공 친구 윌슨이 떠오른다. 쓸데없는 생각을 하지 않는 순한 뇌를 가진 채 살면 좋으련만. 그러려면 책을 포함한 어떤 인위적인 창작물도 습득하지 않고 머리를 비운 채 종일 나비와 꽃을 보며 산책하듯 생각이 흘러가는 대로 내버려두어야 할지도 모른다.

디지털 세상뿐 아니라 사회적 관계나 교류를 모두 끊고 은둔하고자 하는 마음이 내 안에서 커지면 커질수록 나라는 존재의 의미를 찾지 못했다. 철학자 헤겔은 타인, 사회와의 관계 속에서 자신의 행위를 인정받고자 하는 노력은 자유의 참된 실현이며, 더 잘 살기 위해서는 타인과 관계 맺는 일이 중요하다고 말했다. 혼자서도 잘 지내는 건 맞지만, 나 역시 사람들의 지지와 교류가 필요하다. 소통이 그리워지자 스스로 약속했던 100일이 지나고 다시 개인 블로그에 글을 쓰며 조심스레 세상에 스며들었다. 혼자 쓰고 읽는 글에서는 문법

검사를 하고, 적절한 단어를 선택했는지 고심하지 않지만 공개적인 글은 조금 다르다. 보이기 때문에 공을 들이고, 표현 방식을 다듬는다. 적절한 유머를 섞어보려 한다. 이게 바로 내가 세상에 섞여들어가고자 하는 노력이다. '내가 이 세상에 필요한 사람인가요?' 하는 물음을 은연중에 하듯이 어딘가에 내 자리가 있고, 어떤 무리 속에 받아들여졌다는 안정감만큼 중요한 게 있을까. 그게 없다면, 정말 소행성 B-612에서 장미를 돌보며 사는 어린 왕자의 기분일 텐데. 소셜미디어는 종종 인스턴트 유대감을 선사한다. 실제로 만나본 적이 없는 사람일지라도 그 사람과 일상을 함께하며 마치 친한 친구처럼 속속들이 다 아는 기분을 느끼게 한다. 핵개인화 시대라는 요즘, 혼자여도 친구가 많은 듯한 착각에 빠져 지내는 이유가 이것 때문일지도 모르겠다. 진짜 속내는 알지 못해도 어딘가 위안이 되는 '모르는 친구들'. 편지를 주고받던 시절에 글로만 소통해온 펜팔 친구에게 연락이 없으면 궁금, 걱정, 그리움이 쌓이듯 매일 얼굴을 마주하지 않아도 SNS에서 관심 있게 지켜보던 사람이 더는 소식을 전하지 않으면 그립기 마련이다. 그러니 디지털은 그저 현실의 평행우주에 불과한지도 모르겠다.

물리적 거리 두기

6월, 곧 본격적인 여름이 찾아올 무렵이었다. 아직 새벽녘은 선선한 편이라 창문을 열고 선풍기만 켜놓고 잠을 자도 불쾌하지 않다. 늦은 저녁 졸음이 밀려오기 전까지 작업하는 방에서 간접조명을 켜두고 아주 지루한 책을 본다. 지나치게 흥미진진한 소설은 읽지 않고, 관심 분야인 책들은 공부 모드에 돌입하게 되니 읽지 않는다. 나의 지적 수면제는 철학서다. 내용이 단번에 이해되지 않아서 책장을 넘길 때마다 하품이 점점 길어진다. 스마트폰은 2시간 전부터 열어보지도 사용하지도 않았다.

"침대에서 스마트폰과 같은 디지털 기기를 보면 수면 장애를 일으킬 수 있어요. 디지털 기기의 블루라이트가 눈을 자극해 교감신경을 활성화시켜 멜라토닌 분비를 억제시키죠. 잠이 드는 데 방해될 수 있으니 잠들기 최소 2시간 전부터는 멀리해야 합니다."

꿀잠을 위해 수면 전문가의 조언을 따르는 중이다. 모든 디지털 기기를 사용하지 않고 오로지 잘 자기 위해 몸을 준비시킨다. 디톡스를 시작하기 전에는 엄청난 변화가 있을지 모른다며 기대했지만 소셜미디어에 빠져 살지 않는다는 점을 제외하면 주의가 산만할 때 무의식적으로 가장 먼저 스마트폰을 집어 드는 건 여전했다. '안 돼, 숨겨둬야겠어.' 스마트폰을 없애고 유선전화만 쓰는 수준의 충격요법을 하지 않는 한 아주 쉽게 예전의 스마트폰 사용 습관으로 돌아간다. 모든 중독은 단번에 떨쳐내지 못한다. 그럼에도 나와의 약속을 몇 가지 만들고 의식하며 스마트폰을 쓰기 시작하자 작은 변화들이 생겨났다.

우선 침실에서 스마트폰을 사용하지 않는 것이 가장 큰 변화였다. 잠들기 전 스마트폰을 사용하면 깊은 수면에 방해가 되고, 손 닿는 곳에 스마트폰을 두고 자면 잠에서 깨자마자 화면을 깨우고 침대에 누워 폰을 들여다보므로 아침의 시작이 늦어진다. 적어도 자는 곳과 멀찌감치 떨어진 곳에 스마트폰을 두면 일어나자마자 침대에서 벗어나 움직이게 되니 더 낫다. 결국 스마트폰을 열어보게 될지라도 말이다! 무언가에 중독된 사람의 안타까운 현실이지만 그곳까지 걸어가다 보면 더 누워 있고자 하는 욕구가 사라지니 그나마 다행이랄까.

일상에 방해가 되는 원인이 있으면 거리를 두고 벗어나고자 노력한다. 내가 쇼핑 중독자였던 시절에 깊이 공감하며 보았던 영화 〈쇼퍼홀릭〉에서 주인공 레베카는 신용카드를 얼음 속에 얼려 냉동실에 보관하지만 세일 소식에 결국 하이힐로 얼음을 깨 신용카드를 꺼내 쓴다. 그 장면을 지금 다시 보면 웃기기보다 소름이 돋는다. 예전의 플라스틱 신용카드가 단순히 소비를 충동질했다면 이제는 스마트폰의 간편결제 서비스로 소비가 더 빨리 이뤄지고 매우 복합적인 중독과 시간 낭비를 초래한다는 사실에 더 섬뜩해진다.

"나는 물건 사입을 하려고 시장조사차 인스타그램에 들어가. 요즘 사업자들이 물건을 그렇게 소개하니까. 그러다가 의도치 않게 다른 콘텐츠를 너무 많이 보는데 다른 앱에서 알림이 오면 그제야 빠져나와. 그게 나를 지치게 만들어." 가게를 하는 친구는 자신이야말로 디지털 디톡스가 절실한데 일과 취미가 분리되지 않는 환경 때문에 혼란스럽다고 했다. 하나의 기기에 일과 삶을 위한 기능이 모두 모여 있으니 일에만 집중해서 시간을 쓰지 못한다는 것이다. 그건 홍보 채널로 SNS를 운영하는 모든 브랜드 커뮤니케이션 담당자들도 마찬가지일 테다. 그뿐만 아니라 스마트폰은 생활 전반에서 엄청난 영향력을 가진다. 거리에서 손을 흔들어 아무 택시나 잡아타던 시대에서 이제 앱으로 예약한 택시를 타는 시대로 바뀌었다. 누가 운전하는지 알고 또 내가 어디로 가고자 하는지 기록이 남는다(범죄 예방 차원에서 안전함을 느낀다). 비즈니스 명함은 디지털로 저장해 관리한다(종이 명함을 뒤져가며 연락처를 찾는 시간 낭비도 없다).

모든 업무를 스마트폰 하나로 처리하는 시대에 살면서 이렇게 편리하고 장점도 많은 문명의 도구를 어떻게 멀리할 수 있겠는가. 솔직히 완전히 세상과 등 돌리지 않는 한 불가능한 일이다. 언제나 목적을 잊지 말아야 하는데, 자꾸 옆길로 시선을 빼앗기는 우리 같은 보통 사람에게는 생각만큼 쉽지 않다. 그나마 쉬운 행동은 업무 집중 시간, 수면과 같이 중요도가 높은 일과에서 스마트폰을 완전히 분리하는 것이다. 나는 일할 때 PC만 쓰는데, 업무용이라 생각해서 그런지 한눈팔지 않는다. 웹서핑도 하지 않고, 오로지 일만 하는 이유는 그렇게 습관이 든 탓도 있지만 켜지는 속도에 따라 마음가짐이 달라져서라고 생각한다. PC는 전원 버튼을 누르면 한참 뒤에 켜지고, 스마트폰은 얼굴만 들이대면 바로 접속된다. 엄청난 속도 차이 아닌가. 여러 앱을 오가는 방법도 마우스로 클릭하는 PC와 비교해 손가락만 가볍게 움직이는 폰이 압도적으로 빠르다. 디지털 기기를 목적에 따라 나눠 쓰지 못한다면 사용하지 않는 시간을 확실히 정해두고 지키는 수밖에 없다.

업무나 공부에 집중할 때는 책상 서랍에 스마트폰을 넣어두고 꺼내지 않는다. 일이 잘되면 시야에 검은 물체가 보이지만 않아도 주의력이 분산되지 않는다. 문제는 반대의 상황에서 생기는데, 일이 꽉 막혀 진도가 안 나가는 상황에서는 잠깐 머리를 식히고 싶고 이때 머릿속은 온통 스마트폰을 꺼내고 싶다는 생각뿐이다. '와 이건 정말 오래 걸리는 중독 치료야'라고 속으로 외칠 정도다. 잠깐 일어나 걸으며 스트레칭을 하고 눈을 굴리며 안구 운동을 하는 편이 나을 텐데 하필 기분전환이라는 핑계로 소셜미디어를 보고 싶은 건 왜인지. 특히 머리 아픈 이야기는 전혀 읽고 싶지 않아서 웃긴 숏폼 영상 위주로 보게 된다. 잠깐 쉰다는 이유로 본 숏폼이 의욕을 떨어트리는 줄은 몰랐다. 도파민은 의욕을 일으키는 호르몬으로 지연 보상에 익숙하다고 한다. 그런데 숏폼은 즉각적인 만족감을 준다. 도파민이 중독과 연결되는 이유는 내성이 생겨 계속 더 큰 자극을 원하기 때문이다. 특히 짧고 강렬한 보상을 주는 콘텐츠에 익숙해지면 현실의 약한 자극에는 무감각해지는 '팝콘 브레인'으로 바뀐다고 한다. 웬만해서는 즐겁거나 행복하지 않게 되어 우울감이 높아진다니 점입가경이다. 스마트폰을 숨겨둔 이후로 나는 일이 막히면 머리를 식히려 몸을 움직인다. 역시 머리가 무거우면 몸을 움직이는 쪽이 언제나 정답이다.

침실에 스마트폰을 두지 않았던 시절에는 아날로그 알람 시계를 사용했으나, 요즘은 출근 시간에 쫓기지 않으므로 몸이 자연스럽게 깨고 싶은 때에 일어나서 시계 없이 지낸다. 이 같은 고요함을 누리기도 잠시, 내게 특별한 기상 알람이 생기고 말았는데, 동트기 직전인 새벽 5시 전후로 새 한 마리가 지저귄다. 그때부터 귀가 먼저 잠에서 깨고 나서야 머리가 아침이라고 인식한다. 계속 눈을 감고 새소리를 듣다가 어느새 주변이 밝아지면, 눈꺼풀을 들어 올리고 손을 뻗어 침대 옆의 작은 무드등을 켠다. 침실에 잠시 은은한 빛이 머물 즈음의 세상은 늘 고요하다. 언뜻 스마트폰의 기계적인 알람 소리보다 훨씬 근사한 하루의 시작 같지만, 새에게 좋은 감정만 있는 건 아니다. 아침마다 반강제적으로 일어나 하루를 시작하기 때문이다. 얼리버드의 1절은 참 듣기 좋다. 그러나 조용히 속삭이던 지저귐이 점점 더 커져 2절, 3절에 이르고, 잠시 멈췄다가 4절까지 이어지면 듣기 괴로워진다. 점차 침대에서 몸을 일으키지 않을 수가 없다. 얄궂게도 날이 밝으면 새소리는 멈춘다.

일찍 일어나는 새가 벌레를 잡는다고 하던데 그 얼리버드는 벌레를 잡아먹었을까, 때로 궁금하기도 했다. 그러나 새의 아침밥보다 더 큰 우려는 채우지 못한 수면 시간이다. 내 몸이 피곤하지 않은 아침에는 새소리가 청아했으나, 그 반대일 땐 귀를 막고 싶었다. 어떤 새인지 가끔 궁금했지만, 침대 주변에 스마트폰이 없으니 바로 새소리를 검색할 수 없었고 이내 잊었다. 우리 동네 얼리버드가 무슨 새인지 또 왜 신나게 울다가 해가 뜨면 사라지는지 여전히 모른다. 게다가 그 이름 모를 녀석은 성실한 편도 아니었다. 7월이 되자 동네에서 자취를 감췄다. 날이 더우니 어디 시원한 곳으로 피서를 갔음이 분명하다.

25달러의 보너스

인스타그램에 생존 신고 게시물을 올린 이후 다시 오프라인 상태를 즐기고 있었는데, 갑자기 인스타그램에서 내가 '보너스'를 받을 수 있는 대상자라는 메일을 받았다. 나는 인플루언서도 아닌데? 팔로워가 1만 명도 되지 않는 내가 수익 계정이 될 수 있다고? 미디어 산업 종사자였을 때도 있었고, 오랫동안 마케팅 커뮤니케이션 담당자로 일했기에 아직 남아 있는 업무적 호기심이 일었다. 어떤 과정으로 전개되는 걸까. 그들이 기획한 보너스라는 보상 프로그램이 궁금한 나머지 첫 번째 단계로 제시된 25달러의 목표를 받아들이고, 게시글을 올려보기로 한다. 그나저나 뭘 올리면 좋을까.

아주 넓은 관심사를 가진 나는 사람들의 이목을 끌 만한 하나의 주제가 없었다. 퍼스널브랜딩이 일반화된 요즘은 요리나 뷰티, 패션처럼 한 분야에 특화되어야 같은 관심사를 가진 사람들이 많이 구독할 텐데, 나는 일상 잡담이나 하는 밋밋한 계정이었다. 이처럼 비즈니스로 성공할 만한 특색이 보이지 않는, 두루뭉술한 '수필가'라는 정체성과 해시태그 또한 잘 달지 않는 계정에는 오랜 독자나 지나가다 들른 독자, 혹은 몇 명의 지인이나 친구뿐이라서 조회수는 일정한 편이었다. 중이 제 머리를 깎지 못하듯 나는 한때 상품이나 서비스를 팔기 위한 콘텐츠 기획을 했지만 오히려 내가 소유한 디지털 채널에서는 계획 없이 산만한 관심사를 펼쳐 보였다. 한마디로 내 생각을 툭 던지듯 공유하는 편안한 공간이었다. 이곳에서까지 '일'로 접근하고 싶진 않다고!

재주는 별로 없지만 인스타그램에서 내건 25달러는 탐이 났다. 팔자를 고칠 만큼 큰 금액이면 비현실적이라 쳐다도 보지 않을 텐데, 잘만 하면 내 수중에 들어올지 모르는 적당한 금액이었다. 인스타그램은 공감이 가는 콘텐츠를 올리라고 조언했다. 한마디로 '좋아요'를 받을 만큼 웃기거나 또는 '와우'라고 외칠 만한 신선한 아이디어를 보여달라는 것이었다. 아니면 사람의 존재 자체가 매력적이거나! 그들의 보너스는 조회수에 따라 금액이 책정되나, 일정 기간에 25달러의 목표치를 채워야만 실지급 대상이 됐다. 목표에 도달하지 못하면 그간의 노력은 수포로 돌아간다는 작은 글씨를 주의 깊게 읽지 않은 나는 무지한 채 단돈 6달러라도 받을 수 있겠지, 하는 희망에 부풀었다.

그러나 인스타그램에 접속하지 않은 100일 동안 진행되었던 봄 보너스를 놓친 것은 둘째 치고 여름 보너스부터 도전을 시작했지만, 드문드문 게시글을 올린 탓에 1차는 실패했다. 콘텐츠 인기도를 평가하는 기간이 짧아서 문득 스팸 계정처럼 아무 내용이나 매일 마구 올려 양으로 승부해야 하는 건가 싶기도 했다. 그건 나를 팔로잉하는 이들에게 공해를 입히는 실례이니까 당연히 스쳐 지나가는 생각에 불과했다. 오히려 하나의 게시글이라도 대박이 날 만큼 사람들의 관심을 모을 수 있다면 두 번째 여름 보너스의 도전 목표인 25달러 단계는 무난하게 통과할 것 같기도 했다. 아마 단번에 수십만 회 이상의 조회수가 나온다면 말이다.

"대세는 릴스야! 영상을 찍어봐야겠어."

사심을 갖고 인스타그램을 운영하다 보니 어떤 콘텐츠가 공감을 불러일으키는지 면밀히 살피다가도 자주 어리둥절해졌다. 대충 찍어 올린 초당옥수수 사진이 공들여 올린 독서 릴스보다 인기 있었다. 그러고 보면 사람들은 콘텐츠를 만든 내가 봐도 하품이 나오는 바른 생활에 공감하기보다는 보기만 해도 군침이 도는 맛있는 음식이나 갖고 싶은 물건이 보이는, 한마디로 도파민을 자극하는 콘텐츠에 반응했다. 어떤 광고가 더 효과적일까를 알아보기 위해 퍼포먼스 마케터들은 광고를 두 가지 타입으로 만들고 A/B테스트를 한다. 그리고 반응을 보고 더 좋은 방향으로 '디벨롭(발전)'시킨다. 이런 고민들을 하고 있자니 책상에 앉아 어떻게 하면 '인게이지먼트(참여도)'를 늘릴 것인가, '오가닉(자연)' 노출은 얼마인가 등을 평가했던 예전 회사 생활이 아련하다. 사족을 붙이자면, 앞서 작은따옴표로 처리한 외래어는 실무에서 자주 쓰는 실제 용어다. 커뮤니케이션 업무에서 SNS 마케팅 용어는 주로 영어 표현을 쓰는데, 이는 인기 플랫폼의 원산지가 대부분 미국이기 때문이다. 소셜미디어 플랫폼은 거스를 수 없는 시대적 흐름이지만, 가끔 질리는 구석이 있다. 그런데 내가 개인 계정을 가지고 이런 고민을 하고 있다니 꽤 소모적이라는 생각에 한숨이 나온다.

    그럼에도 나는 계속 25달러에 집착했다. 그 돈을 원했다. 은둔자가 되어 정기적인 수입 없이, 다채로운 경로의 간헐적 소득에 기대어 지내던 참에 반짝 의욕의 불씨를 지핀 과제랄까. 목표가 3만 원으로 제시되었다면 아마 별로 안 끌렸을 것이다. 외환은 돈의 개념을 새롭게 한다. 나는 정확히 달러를 원했다.

    오래전 업무와 관련해 구글에서 광고 수익으로 100달러 넘는 수표를 받은 적이 있었는데, 은행 거래 수수료를 제하고 세금까지 떼고 나니 정말 적은 돈이 남았다. 플랫폼에서 콘텐츠 노동자로 일하고 받는 가뜩이나 적은 돈에 여기저기서 숟가락을 얹어대서 실수령액이 코 묻은 돈 수준이었다. 내 경험이야 이토록 일천하지만 인플루언서들의 거래액은 엄청나겠지. 그들은 각종 브랜드와 파트너십을 체결해 유료 광고도 하니까. 이게 바로 관심 경제이며 소셜미디어가 이토록 활황인 이유일 테다. 평범한 사람이 스타가 되는 기회, 돈을 벌 기회! 유튜버, 블로거 등 여러 디지털 콘텐츠 부업은 어떤 이에게는 자신의 회사를 세우는 본업이 되기도 한다. 대중을 사로잡는 디지털 콘텐츠를 제작하는 사람은 그만큼 많이 번다. 겨우 25달러에 욕심을 내는 나로서는 모르는 영역이다.

내 삶은 평온한 만큼 무미건조함으로 가득했고, 딱히 대박 콘텐츠가 나올 리 만무했다. 추천 릴스만 봐도 눈길을 사로잡는 호화로운 여행지에, 신기한 요리 레시피, 미모의 여자, 강아지와 고양이의 애교는 물론 피식 웃게 하는 유머 영상, 댄서들의 춤 영상까지 시간 가는 줄 모르고 보게 한다. 아마 이런 사람들은 보너스 최대한도까지 쉽게 보상을 받았으리라. 모든 소셜미디어 플랫폼의 주요 수입원은 광고다. 사람들이 그곳에서 최대한 오래 머물러야 광고를 많이 보게 되고, 전환율도 높아져서 광고주도 만족할 만한 결과를 얻기 때문에 소비도 생산도 동시에 하는 사용자들, 특히 효율 높은 인플루언서들의 역할이 중요하다.

다시 내 25달러로 돌아오면, 내 것일지도 모를 보상은 아련히 멀어지고야 말았고, 다시는 이런 푼돈(어느새 푼돈 혹은 신 포도라 부르고야 마는 보너스)에 현혹되어 나의 천금 같은 인지 자원을 낭비하지 않겠노라고 고개를 가로저었다. 책상 서랍을 열어 내 소유의 진짜 달러, 현금의 질감을 만져보며 아쉬움을 달랬다. 조금만 더 노력했다면 입금되었을지 모를 20달러와 5달러 지폐를 나란히 두고 보니 과제에 집착할 만한 보상은 아니란 생각을 했다. 큰일은 밀어두고 이토록 작은 일에 집착하는 건 왜일까. 아무래도 눈앞의 이익이 내가 조금만 노력하면 당장 거머쥘지도 모를 작은 이익이라 그렇다. 앱에 출석 체크를 해서 포인트를 쌓고, 광고 배너를 클릭해 티끌 같은 돈을 모으는 사람들이 수두룩하다. 물론 어떤 네티즌은 이를 일컬어 '온라인 폐지 줍기'라고 말했고 나는 그 표현에 (웃느라) 무너지고 말았지만. 큰일에는 굳건한 의지와 운이 따라줘야 하지만, 이렇게 작은 일은 어쩌면 해볼 만하다는 기대감이 나를 움직이게 했다. 비록 목표를 달성하진 못했지만 동기부여의 메커니즘을 어느 정도 이해했던 작은 해프닝으로 남았다.

○
나는 밀레니얼 세대

시대가 급변하는 여러 교차점에서 태어난 사람은 다양한 가치관 속에 혼란이 자란다. 나는 밀레니얼 세대로 분류되는데, 1980~1990년대에 나고 자란 이들로 컴퓨터 사용과 인터넷으로 사람들과 교류하는 환경을 일상적으로 접한 첫 번째 세대다. 이에 더해 한문을 배우고 학교에서 서예를 했으며, 엑셀 이전에 주산을 배웠다. 아직 동양적 교육관이 살아 있던 시절이었다. 그러다 미국의 기술 패권이 세계를 주도하면서 컴퓨터와 영어는 필수가 되었고, 플로피디스크에 자료를 저장하고 '지뢰 찾기' 같은 단순한 게임을 하는 일상을 보냈다. 뒤이어 직접 태그를 써서 홈페이지를 만드는 생산자 역할도 해본 후, 지금은 확실히 디지털 지배적인 생활을 하지만 적어도 두 가지 시대 모두를 경험해봤기에 나는 비교적 균형 잡기가 쉽다. 신기술에 호기심을 느끼는 사람이지만 동시에 아날로그의 매력도 알고 있다.

"어? 그거 일회용 카메라 아냐? 진짜 오랜만에 본다."

내가 사는 동네에 놀러 온 후배 N과 생면파스타를 파는 작은 레스토랑에서 만났는데, 주문한 음식이 나오자 N은 필름 카메라를 꺼내 사진을 찍었다. 필름 롤을 감는 휠을 손끝으로 밀어대며 사진을 한두 번 공들여 아껴 찍는 모습이라니.

"요즘 아날로그가 유행이에요. 인화하기 전까지 어떤 사진이 나올지 모르니까 기대감도 생기고 필름 카메라 특유의 그런 느낌도 좋고."

문득 20년 전에 렌즈 네 개짜리 로모 카메라로 한 화면에 각기 다른 움직임이 담긴 네 컷 분할 사진을 즐겨 찍었던 내가 떠올랐다. 무엇이 어떻게 찍혔는지 필름 현상 전까지는 알지 못했다. 집에 있는 일반 필름 카메라 또한 보정이 불가능해 결과물은 언제나 우연에 맡겨야 했다. 사진관 사장님이 필름을 하나하나 들여다보며 역광이나 빛 번짐이 있는 사진은 골라 내 인화하지 않지만 내가 보기에 이상한 얼굴 표정만큼은 잡아내지 못해 바로 찢고 싶은 망한 사진을 받아보기도 했던 시절이다. 필름을 맡기고 결과물을 확인할 때까지 며칠이 걸리던 그때의 사진 찍기란 소풍, 생일, 졸업 같은 특별한 날에만 일어나는 귀한 활동이기도 했다. 지금처럼 일상의 시시콜콜함까지 필름 사진으로 남기기란 엄청난 사치일 테다. 반면 요즘은 누구나 손에 폰 카메라를 들고 있어서 내키는 대로 마구 찍고 마음에 들지 않으면 바로 지워도 그만이다. 아마추어라도 근사한 사진을 얻기 수월하며 문서 스캔이 가능할 정도로 해상도가 좋아졌다. 정말 편리한 시대다. 기다림의 매력은 없지만, 즉각적인 만족을 제공하는 빠른 세상은 사진 하나만 봐도 비교된다. 감성과 효율의 대결이랄까. 둘 다 각각의 장단점과 용도가 있으니 쓰임을 잘 찾으면 그만일지도 모른다.

나의 커리어 궤적에는 테크 회사 근무 이력이 두 번 있다. 그때의 경험을 돌아보면 모두가 마치 실리콘밸리 출신이라도 되는 듯 회의에서 다들 맥북을 펼쳐놓고 화면에 코를 박고 이야기하면서 뭔가를 끊임없이 타이핑하거나 검색했다. 서로의 눈을 바라본 순간이 있기는 했던가. 업무 일정은 구글 캘린더로 참석자에게 일시와 장소가 바로 공유되고, 자료는 슬랙(협업 툴)으로 실시간 주고받았으며 온라인상의 워드 파일에 공동 작업자를 초대해 한 화면에 여러 의견이 산만하게 적히면 그걸 또 실시간으로 정리하며 아주 효율적인 회의를 했다. 해외나 지방에 있는 직원들과 화상회의를 하며 뭔가 대단한 일을 하는 듯한 느낌도 받았지만 그 본질은 언제나 어떻게 하면 우리 서비스에 더 많은 유저를 모아 돈을 벌 수 있을지 궁리하는 것이었다. 그랬다. 그런 디지털화된 근무 환경이 쿨하다고 느끼던 때가 있었다. 인간미라고는 전혀 없었지만, 새벽에 이메일을 보내오는 '컨펌 라인(윗사람)' 덕분에 잠이 달아나도 이게 바로 열정이구나, 이렇게 일해야 하는구나, 라는 지금 보면 황당한 직업관까지 생겨날 지경이었다. 그때만 해도 이메일은 실시간 알림을 켜두어서 언제든 바로 확인했다. 나에게는 일이 최우선이었으니까. 일뿐만 아니라 개인적 삶에서도 모든 자료를 스프레드시트에 정리하고, 온갖 엔터테인먼트를 스트리밍 서비스로 즐겼다. 펜을 들어 종이에 뭔가를 적는다는 자체가 어색한 삶을 적어도 10년 이상 살아온 셈이다.

디지털 디톡스를 하던 근로자 시절에 일부러 아이패드 대신 스마이슨 다이어리를 들고 회의에 들어갔다. 가볍고 부드러운 종이에 잘 굴러가는 펜으로 메모하는데, 그동안 컴퓨터 화면이 가렸던 상대방에게 시선이 집중되니 미세한 표정과 몸짓이 읽혔다. '여기에서 살짝 미간을 찌푸리는 걸 보니 이 제안이 마음에 안 드나 보군.' 마치 독심술사가 된 기분이랄까. 컴퓨터 화면이라는 장벽 없이 눈높이를 맞춘 아날로그 회의가 녹음된 음성을 인공지능이 요약정리하는 앱을 켜둔 회의보다 더 기억에 남았다. 내 머리를 써서 핵심을 짚어내야 하니 더 집중해서 그랬을 것이다.

가끔 회의 시간에 가볍게 핸드폰만 들고 참여하는 경우가 있다. 나도 몇 번 그랬는데, 확실히 딴짓하는 모양새로 보인다. 그래서 상대방에게 사전에 "메모하는 거예요!"라고 언질을 주며 오해하지 말라는 언사를 하기도 한다. 노트에 펜으로 손글씨를 적고 있으면 열심히 회의에 참여하는 직원처럼 보이는 모습과 달리 핸드폰은 옆길로 샐 확률이 높아서 그런지 무의식중에 서로 불성실해 보일 수 있음을 염두한다. 실제로 메신저를 하는지 회의 내용을 적는지 어떻게 안단 말인가. 그래서 아무리 효율적이라 해도 매너 차원에서 핸드폰만 들고 미팅에 참여하는 일은 없다. 이 역시 나 같은 밀레니얼 세대까지만 의식하는 상황일지도 모르겠다. 어릴 때부터 스마트폰을 끼고 자라난 세대는 '회의 중에 폰을 들여다보며 뭔가 적는 게 이상한가?'라고 생각하려나.

    중학생 무렵 보았던 샌드라 블록 주연의 1995년 영화 〈네트〉에서 재택근무란 신선한 개념을 처음 접했다. 일터에 나가지 않고 집에서 일할 수 있다니! 주인공 안젤라는 프로그래머로 컴퓨터와 붙어살며 피자를 PC로 주문하는 인물이었다. 비디오테이프를 VCR에서 꺼내 대여점에 반납하던 당시의 나는 공상과학영화 같은 미래가 진짜 삶이 될 줄은 몰랐다. 일하고, 먹고, 쉬고, 사람들과 유대감을 맺는 모든 활동을 집에 앉아 컴퓨터 한 대로 해결한다니. 웹이 있기에 오래전 영화 속에서나 나왔던 재택근무가 가능해졌다. SNS 덕분에 나의 글을 세상에 알릴 수 있다. 칩거하며 살아가는 중에도 고립을 모르는 이유 역시 디지털 세상 덕분이다. 과거의 상상이 일상이 된 지금, 기술주의 시대에 사는 나 역시 효율을 버리지는 못할 테지만 숏폼이나 280자 글의 짧은 호흡이 아닌 삶에 긴 호흡을 가지고 사는 인간미는 지키고 싶다. 나는 엄청난 일을 입력과 동시에 처리해야 하는 기계가 아니므로.

○
스마트폰이 없는
수상한 사람

꽤 번화한 동네에 살고 있어서 10년 전만 해도 500미터 간격으로 중형 슈퍼마켓이 세 개나 있어 물건을 사는 데 전혀 불편함이 없었다. 퇴근길에 '아, 두부 한 모!'가 떠오르면 바로 근처 슈퍼마켓에서 샀고, '어머, 간장이 떨어졌네' 하면 부리나케 나가서 사 오는 게 당연했다. 하지만 밤 11시 전까지 주문하면 다음 날 아침 7시쯤에 문 앞에 택배 상자가 도착하는 새벽배송이 생긴 뒤로는, 필요한 물건 하나를 주문하기 위해 무료 배송 금액을 꽉 채워 미래의 먹거리까지 미리 사는 생활로 순식간에 바뀌었다. 그리고 나의 쇼핑 패턴이 온라인에 완벽하게 적응한 사이에 동네에선 슈퍼마켓이 하나둘 자취를 감추고 말았다. 어느 날 퇴근길에 슈퍼마켓에 들러 요거트 하나를 사서 가야지 하고 모처럼 방향을 바꿔 걸었다가 간판이 사라진 텅 빈 자리만 보았다. 채소를 사러 자주 들렀던 농산물 가게가 없어진 지 1년도 되지 않았는데 제법 큰 슈퍼마켓까지 사라지다니.

디지털에서 멀어져 오프라인과 밀접하게 살아보려는 나의 노력은 매번 새로운 장벽에 부딪쳤다. 한번은 걸어서 15분 거리에 있었던 영화관이 이미 폐업한 상태로 주인 잃은 간판만 덩그러니 걸려 있었는데, 주말이면 가끔 관객이 거의 없는 상영관에 앉아 조조영화를 보던 기억이 아련했다. 넷플릭스로 영화를 보는 게 익숙해지며 영화관에는 사람들의 발길이 끊겼다. 모든 비즈니스가 대중의 관심을 갈구하는 까닭은 비즈니스의 지속 여부가 여러 사람의 사랑에 달려 있어서다. 한마디로 코로나 시대를 거치며 온라인에 완벽하게 적응한 사람들이 더는 예전만큼 오프라인 서비스에 지갑을 열지 않게 된 것이다. 동네 가게들이 속속 문을 닫는 상황이 일견 자연스러운 시대 흐름처럼 보인다.

지금까지 그래왔듯 간편하게 구매하기 버튼만 눌러 현관 앞까지 배달해주는 편의를 누리기만 하면 그뿐일 텐데, 나는 갑자기 시대를 역행하여 직접 물건을 골라 담고, 10분을 걸어 식료품을 사 오는 오프라인 쇼핑을 다시 하고 있다. 어느 날 동네에서 가장 큰, 대기업 브랜드의 슈퍼마켓에 가서 실해 보이는 감자 세 개를 골라 봉투에 담고 저울에 무게를 달아달라고 직원에게 요청했을 때였다. 직원이 고개를 갸웃갸웃하더니 "아니, 감자가 왜 이렇게 비싸"라고 말하며 소스라치게 놀라는 표정을 지었다. 그러고는 고용주를 배반한다는 죄책감 따위 없는 표정과 정의를 실현하는 반짝이는 눈빛으로 나에게 말했다. "저기 커피숍 앞 노점에서 지금 감자 한 바구니에 3000원이에요. 거기로 가세요"라고. 나는 그 자리에서 웃어버릴 수밖에 없었고 감사하다는 인사를 남기고 노점으로 향했다. 어떤 날에는 동네 슈퍼의 달걀 가격에 놀라서 온라인 유기농 마켓을 찾아 필수 식품 몇 가지를 주문하기도 하지만, 오프라인에서 내 눈과 손을 써가며 필요한 물건을 조금씩 사는 나날은 따스하다.

온라인에서 쇼핑하는 사람이 많을수록 동네 편의시설은 사라진다. 당장은 나와 상관없어 보이기도 한다. 온·오프라인을 오가며 물건을 사는 나 같은 디지털 시대 완벽 적응자는 큰 불편을 느끼지 못하니까. 그러나 우리 엄마처럼 앱으로 장을 보지 못하는 여든에 가까운 노인이라면? 집 앞에 식료품이나 각종 일상 잡화를 살 만한 곳이 점점 사라지면 어떻게 생활해야 할지 문득 아득해진다. 게다가 지금 어르신들이 키오스크 주문을 어려워하듯 나의 노후에 어떤 낯선 기술이 등장해 내 일상을 힘들게 만들지 상상조차 되지 않는다. 계속 신기술을 배우는 노년이란 어떤 의미에서 소수에게만 주어지는 특권 아닐까.

오프라인 생활의 온기 넘치는 즐거움을 만끽하게 되자 나는 집 바깥에서 스마트폰이 없는 수상한 사람처럼 살아보기로 했다. 가방이나 주머니 속에서 가급적 스마트폰을 꺼내지 말자는 결심에 불과한데도 이내 홀가분함이 차오른다. 길을 걷는 사람들은 대부분 손에 스마트폰을 쥐고 있다. 내 손은 가볍다. 귀에는 블루투스 이어폰을 끼고, 스마트폰 화면을 보며 걷는 사람도 자주 보인다. 나는 여전히 두 귀를 세상을 향해 열어둔 상태다. 낯선 길을 갈 때면, 외출 전에 지도 앱을 보고 머릿속으로 길을 외우고 찾다가도, '더는 한계야! 비상사태야'라는 경고음이 울리고서야 거리 한쪽으로 몸을 피해 스마트폰을 꺼내 다시 지도 앱을 켠다. 어찌 되었든 스마트폰이 없는 수상한 사람의 첫 번째 조건은 '스몸비'가 되지 않는 것이다. 자신의 감각을 믿고 주변의 정보를 기민하게 받아들인다. 누군가와 만날 때면 스마트폰은 꺼내지도 않는다. 비행기 모드는 아니라서 급한 전화가 오면 받긴 하지만 상대방과 나누는 온전한 시간을 방해받고 싶지 않다. 내게 눈앞의 당신이 중요하다는 메시지를 은연중에 전하고도 싶고. 또 정신없이 바빠 보이기보다는 늘 한가롭고 여유 있어 보이는 쪽이 좋다. 산만함이 싫고 한 가지 일에만 신경 쓰고 싶으니까. 나는 언제나 스마트폰이 없는 사람인 거야. 대체로 그렇게 살고 있다.

미니멀라이프 이후로 집에 책을 쌓아두고 지내진 않지만, 책 다섯 권 정도를 넣어둔 책바구니는 새로 만들었다. 왕골 바구니에서 책을 한 권씩 꺼내 1~2주 사이에 완독한다. 어렵고 지루한 내용이라도 흐린 눈을 할지언정 끝까지 다 읽기. 어떤 일을 시작했으나 끝마치지 못할 때 생기는 이상한 간지러움과 가벼운 후회를 없애는 나 자신과의 약속이라서 어떻게든 지킨다. 전자책을 읽다가 집중이 안 되면 화면을 꺼버리고 다시 켜기까지 마음먹기가 힘든데 종이책은 눈에 표지와 제목이 바로 보여서인지 쉽게 책장을 펼친다. OTT로 보는 영화도 마찬가지로 흥미롭지 않으면 보다가 중단하고 끝까지 안 볼 때가 종종 있었다. 하지만 티켓을 끊고 들어가 어두운 공간 속에 반쯤 가둬진 상태로 보는 영화는 어떤 식으로든 집중해 결말까지 보게 된다. 중도에 영화 감상을 포기했다면 몰랐을 뜻밖의 메시지를 얻고 상영관을 나오면 가볍고 사소한 것임에도 오랜 기다림의 미학이 있는 아날로그의 힘을 느낀다. 끈기도 길러진다.

오프라인 장보기부터 손글씨, 종이책, 그리고 어떤 날에는 영화관에 가는 아날로그 생활을 조금씩 늘려가고 있다. 기계와 맞닿은 생활을 줄여나가자 결국 사람이 보이기 시작한다. '화면 너머에 사람 있어요!' 이런 외침은 익명으로 활동하는 온라인에서는 공허한 주장이 될 때가 많다. 상대가 나를 모른다는 이유로 나쁜 인성을 드러내는 사람들은 얼마든지 있으니까. 서로를 마주하는 현실에서라면 조금 더 많은 점을 살피게 된다. 공감과 배려는 감정이입에서 출발하는데 논리와 객관성으로 무장한 기계 세상 속에서 살다 보면 무뎌지는 감각이다.

(후기)

조금 덜 연결되어도 괜찮아

미니멀라이프에 심취해 있을 적에 저는 의식주 관리에 치우친 경향이 컸고, 오히려 적게 가지고 홀가분하게 살려다 보니 디지털 의존도가 매우 높았습니다. 지금도 높은 편이지요. 어느 날, 눈뜨고 잠들 때까지 스마트폰을 쳐다보며 사는 제가 싫어졌습니다. 사실 스마트폰은 거북목이 되는 위험 외에는 그다지 염려하지 않았었는데, 곧잘 산만해지는 제 머리가 다른 말을 하고 있었습니다. 나아졌다고 생각한 불면증이 다시 심각해지자 단순히 블루라이트의 문제가 아니라 과다한 정보가 머리를 쉬지 못하게 한다는 생각이 들었어요. 저의 작은 현실 세계는 대개 별일이 없는데, 스마트폰 속 세상은 늘 난리법석입니다. 가십과 가지고 싶은 물건들 그리고 자극적인 뉴스가 연이어 터집니다. 조회수와 좋아요를 갈구하는 세상에서 잠시 멀어지고자 100일간 노력해봤습니다.

애초에 거창한 목표보다는 폰을 덜 보고 싶다, 정도의 작은 바람에 가까웠습니다. 그러다 직장을 그만두고 핸드폰 요금제를 기존보다 저렴한 걸로 바꿨어요. 데이터가 250MB에 불과해지자 밖에서 인터넷에 접속하지 않게 되었죠. 진정한 의미의 금융 치료랄까요. 디톡스에 박차를 가해 트위터는 일상에서 사라졌지만, 대신 스크린 타임에서 유튜브가 급부상했습니다. 운동이나 집안일을 할 때 유튜브로 음악을 들었기 때문입니다. 대신 작은 블루투스 스피커를 연결해 이어폰으로 두 귀를 막는 경우는 없습니다. 역시 하나가 떠난 자리는 다른 것이 채우는 게 인지상정일지도 모릅니다. 다만 트위터처럼 중독되지 않아서 좋습니다. 제 성향이 영상이나 이미지엔 활자만큼 반응하지 않습니다. 또한 음악을 일상적으로 듣지 않는다 해도 괜찮습니다. 디지털 세계와 떨어져 살지는 못하지만 건강하게 사용하고 싶습니다. 머리가 복잡해지지 않고, 소셜미디어 속 누군가의 비현실적인 행복이나 지나치게 비관적인 생각에 내가 물들지 않도록 말이죠. 저는 가급적 스마트폰이 없는 듯 보이는 수상한 사람으로 살아가고자 합니다.

○ **디지털 프리 데이 만들기**

의도적으로 스마트폰과 인터넷을 사용하지 않는 날입니다. 위급 사항이 있을 수 있으니 '비행기 모드'로 종일 폰을 반쯤 꺼두진 않지만, 걸려 오는 전화만 받는다는 각오죠. 하루 종일 폰과 멀어지는 엄격한 단식은 어렵지만 아침에 메시지를 확인하고 나면 저녁에나 확인하는 식입니다. 업무 마감이 다가오거나 집중해서 공부가 하고 싶을 때 그런 날을 정합니다. 건강한 일과는 '숙제하고 나서 노는 것'이라고 생각해요.

○ **새로운 악의 꽃, 소셜미디어 다루기**

늘 인터넷에서 '집단 지성'의 도움을 받습니다. 정확한 정보가 아닐 때도 많지만, 그래도 참고는 됩니다. 다만 오랫동안 트위터의 익명에 기댄 여럿의 생각을 철저히 구독만 하면서 느낀 바에 의하면, 어떤 채널이든 자주 노출되는 의견을 나도 모르게 내 생각으로 동일시한다는 부작용이 생겼고 그게 점점 두려웠습니다. 예를 들어 '고양이는 멋지다'라는 말이 떠돌면 처음에는 그런가 보다 하지만 그날 밤에 또 비슷한 글을 보고, 다음 날에 또 '고양이는 세계에서 가장 용감하다'라는 글을 보다 보면 저도 모르게 고양이와 관련한 고정관념이 생겼습니다. 단편적인 의견이 파편적으로 자꾸 타임라인에 노출되고 그걸 계속 접하면서 반복 학습이 이루어집니다. 늘 시간이 부족하므로 일상에 큰 영향을 끼치지 않는 주제에 대해서는 깊이 사고하지 않고 그냥 사실로 받아들여버립니다. 이런 일들이 반복되자 스스로 생각하는 힘을 잃고 삶에 큰 영향을 미치는 영역까지도 쉽게 선동당하겠구나, 싶어졌습니다.

소셜미디어 구독을 멈춘 후로 남들이 요약해둔 지식에 기대어 사는 비중을 줄이고, 생산자의 태도로 제가 관심 있는 주제를 깊이 탐구하고 있습니다. 늘 긴 호흡으로 여러 책과 자료를 읽지만, 그렇다고 디지털을 완전히 멀리하는 건 또 절대 아닙니다. 디지털은 깊이 파고들다가도 방해받기 쉬워서 자신도 모르게 자꾸 옆길로 새지만, 책은 오랫동안 한 주제를 깊이 사유하기에 좋죠. 대신 책은 짓고 펴내기까지 시간이 오래 걸리므로 디지털에서 얻는 최신 자료보다 훨씬 느립니다. 아날로그와 디지털은 쓰임이 다를 뿐 멋지고 넓은 세계를 만드는 데 꼭 필요한 삶의 재료임은 부인할 수 없습니다.

19세기 영국의 예술가이자 평론가, 작가였던 필립 길버트 해머튼의 저서 『지적 생활의 즐거움』은 신문을 읽지 않겠다는 교양인에게 자기만의 지식에 갇히지 않기 위해 신문을 읽어야 하며 일반인과의 대화가 필요하다고 말합니다. 오늘날에는 소셜미디어로 치환해 해석해도 좋지 않을까요. 오히려 예전에는 힘 있는 몇 명만이 마이크를 잡았다면 요즘은 누구나 발언할 수 있는 시대라서 불특정 다수의 생각을 모니터링하기 좋은 환경입니다. 시대의 흐름을 알기 위해 미디어를 이용하지만 누군가의 의견을 읽기만 하고 내 생각인 양 카피하는 건 조심해야 합니다. 다시 비판적으로 생각하는 힘을 기르는 중이지요.

chapter 2

∨
더는 소홀히 할 수 없는 것들
밀가루 단식 80일

○ 느리고 명랑하게, 매일 하는 심신단련 ○

곱게 나이 들고 싶어서

 노력하면 균형 잡힌 삶을 살 수 있을 거라 믿었지만, 살아가는 일은 그리 녹록지 않다. 건강 관리만 해도 어느 장단에 맞춰야 할지 헷갈리는 경우가 늘 있다. 예컨대 무릎 관절을 보호하는 신발은 쿠션이 있는 푹신한 운동화가 좋으나 발 건강에는 좋지 않다든가, 철분 흡수율이 좋은 붉은 육류가 혈관 건강을 위해 피해야 하는 식품이 되는 등 온갖 장단점이 혼재해 있다. 약은 특정 증상을 치료하지만 다른 쪽에 부작용이 생길 가능성을 배제할 수 없다. 살아가는 모든 것은 더 중요한 하나를 위해 덜 중요한 하나를 포기하는 중재안 찾기일 뿐이다.

 누구나 아는 건강한 생활 습관이란 고른 영양 섭취와 알맞은 운동을 포함하며, 술·담배를 금하고 달고 기름진 중독적인 음식을 멀리하는 절제력을 요한다. 여기에 일정한 시간에 잠들고 일어나는 규칙적인 일상과 원만한 대인관계를 비롯해 쓸데없는 욕심을 부리지 않고 긍정적인 정신 상태를 유지하는 것이 좋다. 또 두뇌를 집중해 사용하는 지적 활동을 멈추지 않아야 건전한 삶을 만든다. 매우 금욕적인 사람만이 이룰 수 있는 경지다. 이 모두를 지킬 수 있다면 건강 측면에서 밝은 앞날을 기대해보겠지만, 우리가 스트레스라고 뭉뚱그려 부르는, 안 되는 이유가 있다. '몰라서 안 하는 게 아니라, 안 되니까 못 하는 거라고!' 불평이 튀어나올 만큼 레벨이 높지 않은가.

 나 역시 여태 건강 추구미를 가지고 살았건만 일종의 '건강 요요'도 자주 겪었다. 건강 요요란 원래 내키는 대로 살다가 몸이 아프고 나면 건강하게 살자는 일념으로 온갖 건강 습관에 관심을 기울이나, 다시 건강해지고 하루 대부분을 업무로 보내면서 크고 작은 스트레스를 받으면 다시 퇴근 후 떡볶이와 넷플릭스의 저녁을 보낸다는 의미다. 먹을 때는 일시적으로 기분이 좋다. 혈당을 빠르게 올리는 고탄수화물인 설탕이 많이 첨가된 음식의 매운맛. 머리를 굴릴 필요 없는 재미있는 드라마도 좋다. 몸도 머리도 쓰지 않고 평소보다 더 많이 먹어서 잠깐 기분은 좋아졌지만, 뒤이어 더부룩한 속의 불쾌함과 드라마의 다음 회차가 궁금한 나머지 새벽까지 잠 못 드는 나날이 이어진다면 어떨까. 결코 작고 귀여운 스트레스 해소법으로는 보이지 않는다.

아아, 그렇다 해도 어떻게든 몸이라는 하드웨어가 멀쩡해야 잔잔하고 평화로운 날이 오래 유지되겠지. 불성실한 나에게 반쯤 낙담한 그즈음 세계적인 암 전문의인 김의신 박사의 강연 영상 몇 편을 보게 되었다. "모든 병은 절대 못 고칩니다"라는 의견이 유독 기억에 남았는데 그 말인즉슨, 흔히 암 치료 후 5년이 지나고 재발하지 않으면 완치라 표현하지만, 자신이 건강을 되찾았다고 착각하고 나쁜 생활 습관으로 돌아가면 재발한다는 의미다. 암만 그런 것이 아니라 어떤 병이든 다시 걸리게 된다고 했다. 그러나 이 말을 바꿔 생각한다면 좋은 생활 습관을 유지하면 평범한 삶을 누리는 날이 길어질 확률이 높다는 뜻이다. 물려받은 유전자와 살아가는 환경은 사람마다 다르므로 절대적이라 볼 순 없지만, 건강을 좋은 운에만 맡기기보다 나쁜 경우의 수를 피하는 쪽이 더 확실한 법이니까.

나는 먼저 잊어버린 건강 교양을 다시 쌓기 위해 제일 쉬운 방법을 택했다. 보름 정도에 걸쳐 유튜브에서 건강 정보 프로그램을 두루 섭렵해 핵심만 배우는 것이었다. 〈KBS 생로병사의 비밀〉이나 〈EBS 건강〉과 같은 주로 공영방송의 하이라이트 모음을 봤다. 덕분에 의학이나 영양학적 상식이 조금씩 생겨났고, 앞으로 중년 건강을 어떻게 챙겨야 노년에 삶의 질을 높일 수 있을지 구체적으로 고민할 수 있었다. 마음가짐을 확고히 하고 도전하는 좋은 습관 만들기는 덜 힘든 법이라 어느 순간부터 '정제 설탕과 밀가루는 염증 유발 음식이라고 했지'라고 바꿔 생각하거나 가끔 운동하기 싫은 날에는 비만으로 성인병에 걸려 약을 한 움큼씩 먹는 미래 또는 근육이 빠져서 침대 신세를 지는 경우를 상상했다. 주워 들은 지식으로 최악을 상상하며 독한 마음을 품는 어두침침함도 있으나, 보다 긍정적인 마인드로 얻게 될 보상을 되새김질하는 날이 훨씬 많다. 좋은 생활 습관을 몸에 확실히 새긴다면 노년에 타인의 돌봄을 받지 않고 자립적으로 하루를 살 가능성이 높아지고, 의료비가 줄면 노후 비용도 절약된다. 무엇보다 지금부터 매일 아침, 햇살과 구름을 온전히 즐기며 사는 날이 길어지지 않을까. 그런 희망이 자란다.

> 일찍 자고 일찍 일어나는 적정 수면 7~8시간
> 영양소 균형을 고려해 먹는 삼시 세끼
> 유연성, 근력, 심폐지구력을 키우는 운동 1~2시간
> 비타민D 합성을 위해 햇빛을 받으며 산책 20분 이상
> 식후 꼼꼼한 양치질 10분 내외

내겐 이 다섯 가지가 중요하지만, 덜어낼 부분도 생겼다. 건강 염려증을 과도하게 키우는 건강검진에 회의적인 시각이 커져서 의무로 받는 국가건강검진을 제외하고 아픈 데가 없음에도 혹시 모른다며 정기적으로 큰돈을 들여 받는 종합건강검진을 굳이 하지 않겠다고 정했다. 유행하는 건강법은 원래 귀담아듣지 않았다. 먹기만 하면 몸이 좋아진다는 광고는 가장 먼저 거른다. 건강한 삶을 원하지만, 기분 좋은 일상을 오래 지키기 위한 나와의 약속일 뿐 무병장수라는 허황된 목표는 없다.

중년에 들어서자 지인들과의 대화 중 절반 이상이 건강

얘기다. 나는 어디가 아파, 아니 내가 더 아파…. 이런 대화의 흐름이라니. 더는 선택이 아니라 필수가 되어버린 건강 문제. 절반쯤 남은 생의 한 지점에서 건강관리에 힘써야 함은 마땅하나, 사실 미래보다는 당장의 컨디션 문제가 더 큰 동기부여가 된다. 식사 후 졸리고 무거운 몸으로 간식거리를 찾아다니는 손이 없고 어딘가 피로가 풀리지 않는 찌뿌둥한 느낌이 사라진 자체가 좋다. 쾌락은 일회용이지만, 절제는 다회용이며 그 보상은 은은하면서도 매우 오래간다. 무기력한 삶보다 몸을 움직이며 활기차게 사는 쪽이 훨씬 행복함은 당연하고. 언제나처럼 건강 요요가 걱정되기도 한다. 나의 웰빙을 해치는 가장 해로운 생활은 스트레스가 많고 휴식이 적은 업무 환경에서 기인했다. 그런데 스트레스는 남이 주는 게 아니라 내가 받는 것이라서 동일한 조건에서 누군가는 스트레스로 여기지 않을 일을 나는 예민하게 받아들였을 수 있다. 그러나 그마저도 지금의 나와는 상관없는 옛이야기다. 나는 청정한 환경 속에서 무궁한 시간을 살아가고 있지 않은가. 그간의 망가진 생활 습관을 고치고, 내 삶을 리셋하기에 무척 유리한 조건이다.

달지 않은 맛

"어르신 입맛이 되었나?"

여성호르몬 주기로 생긴 침잠된 기분을 달래고자 작약 한 다발을 사고, 정말 오랜만에 카페에 가서 아이스크림을 주문했다. 몇 번 떠먹으니 '너무 달고 차다'라는 불쾌감만 남았다. 돈이 아까워 절반 정도는 먹었다. 내게 단맛은 쾌락이었건만…. 불과 몇 년 전만 해도 아이스크림을 심하게 좋아해서 의식적으로 덜 먹으려 노력했지만 언젠가부터 냉장고에서 아이스크림이 자연스레 사라졌다. 쿠키나 케이크를 봐도 점차 심드렁해져서 마치 호랑이가 풀을 보듯 했다. 단맛이 약간 나는 반찬까지 거부할 정도는 아니지만, 굳이 찾아 먹지 않는다. 그러다 보니 주방의 양념 캐비닛에 설탕은커녕 대체감미료조차 두지 않고 요리를 한다. 여러 맛이 조화로운 쪽이 좋으니 일차원적인 설탕의 단맛보다 은은하게 식초나 고추장을 사용하거나 양파를 넣는 편이 내 입맛에 딱 좋은 단맛이다.

설탕을 끊기까지 어림잡아 10년 가까이 걸렸다. 술·담배와 다를 바 없는 중독성을 가진 설탕은 그 위험성이 한국에서는 아직 사회 규제로까지 이어지지 않아 어디까지나 과식하는 개인의 문제로 여겨진다. 우리나라에는 아직 설탕세가 없고, 한창 자라나는 청소년기에 가당 탄산음료는 얼마든지 마셔도 되는 분위기이기도 하다. 소아당뇨가 늘었다는 뉴스는 그런 세태 때문이겠지.

어느 날 Y 선배와 만난 나는 그녀의 설탕 섭취를 눈여겨보게 됐다. 40대 중반인 그녀는 마른 체형인데도, 비교적 배가 살짝 나와 있었다. 내가 보기에는 늘 마른 편이었는데 Y는 항상 살이 쪘다고 해서 의아했다. 그러다가 나도 모르게 남의 몸매를 슬쩍 봐버린 그날 Y의 말이 무슨 의미인지 비로소 알게 됐다. 그녀는 흔히 말하는 마른 비만이었다. 나는 평생 '마른' 쪽에 속해본 적이 없어 잘 몰랐지만, 겉보기에 말랐어도 체지방이 높으면 비만이라고 했다. 뭔가 의아한 표현 같았다. 그날 Y는 당분이 든 음료수를 마신 지 얼마 되지 않아 다시 카페에서 다디단 과일 음료를 주문했고 흰쌀밥이 나오는 외식을 마친 후 간식으로 먹을 달콤한 빵까지 샀다. 나는 그저 목마르면 물을 마셨고, 카페에서는 따뜻한 차를 주문해 천천히 마셨다. 저녁 식사를 같이 했지만 이후에 간식은 전혀 먹지 않았다. 나에겐 단것을 먹고 싶다는 욕구 자체가 없었다. 10년 전만 해도 '당이 떨어진다'는 이유로 간식거리를 입에 달고 살았으니 격세지감이 바로 이거로구나 싶다. 서른 중반 무렵의 건강검진에서 공복혈당이 정상치보다 약간 높게 나온 적이 있었다. 그때 난생처음 혈당이라는 개념을 접했다. 당뇨는 무조건 유전병인 줄 알았을 만큼 아무 상식도 없었는데, 가족력이 없어도 그때의 나처럼 초콜릿, 아이스크림, 빵을 수시로 먹으면 높은 확률로 나빠질 수 있다.

당을 의식한 이후로 설탕을 줄여나가면서 나는 가장 먼저 탄산음료와 주스, 단맛 나는 모든 음료를 마시지 않는 습관을 들였다. 술을 못 마셔서 사이다를 컵에 따라놓고 상대방에게 '짠' 해주던 날들도 함께 사라졌다. 그다음은 간식 참기.

어차피 군것질로 달콤한 과자만 먹었으므로, 설탕 음식 안 먹기라는 광범위한 약속보다는 지키기 쉬웠다. 끼니만 챙기고 간식은 없는 나날 속에서도 이 모든 노력은 스트레스 앞에서 가끔 무너졌다. 설탕 음식에 큰 즐거움이나 행복감을 느끼지 못했음에도 익숙한 도피처라는 기분만은 남아 있었기에. 내가 마지막으로 카페에서 아이스크림을 먹다 남긴 날은 한가롭고도 평범한 하루였고, 지금 내 몸이 '단맛은 이제 싫어'라고 보내는 신호를 기민하게 잡아냈기에 나는 자연스럽게 단맛과 멀어졌다고 결론지었다.

내가 살면서 겪은 가장 큰 중독 두 가지는 쇼핑과 설탕이다. 쇼핑 중독은 고된 업무와 야근으로 이어지는 젊은 날의 보상이었다. 이렇게 돈을 쓰기만 하다가는 평생 노새처럼 일만 하다 병들 거라는 깨달음으로 돈을 모아가기 시작하자 통장이 채워졌고 노역에서 점점 자유로워지는 기분에 든든했다. 사회적 스트레스가 사라지고 나서야 설탕에서 벗어났다. 역시 모든 중독은 스트레스가 원인이란 말인가. 건강하게 스트레스를 해소할 방법을 찾지 못하고 자기 파괴적 욕구에 시달렸던 이유는 돈을 쓰는 편이 가장 손쉽고 즉각적인 만족감을 주었기 때문이다. 그럼에도 무언가 잘못된 줄은 알아서 10년간 설탕 단식을 거듭 시도한 결과, 더는 단맛을 찾지 않는 순간이 왔다. 단번에 사라지는 중독은 없지만, 자신과의 약속을 만들고 지켜나가다 보면 나도 모르는 사이에 점차 벗어나 있다. 성공과 실패를 거쳐 내게 이상적인 지점을 만나게 된다.

밀가루를 그만 먹기로 결심하다

생태계에는 먹이사슬이 있다. 풀은 사슴의 먹이고, 사슴은 호랑이의 먹이다. 호랑이는 사냥꾼을 조심해야 하지 않을까. 역시 인간은 최상위 포식자다. 식습관 교정도 연쇄 사슬이 있는데 설탕, 밀가루, 나쁜 기름 순으로 이어진다. 설탕이라는 엄청난 중독 물질을 먼저 통제하면 그다음 또 다른 단순당인 정제 밀가루와 쉽게 멀어진다. 빵부터 일단 끊어야지가 아니라 설탕 음료를 멀리하는 것부터 시작해야 한다. 나는 본래 먹으면 속이 더부룩하고 젓가락질도 하기 힘든 국수나 수제비 같은 밀가루 음식을 크게 즐기지 않지만, 빵은 자주 먹는 편이었다. 이는 밀가루가 설탕의 단맛, 버터의 고소함, 소금의 짭조름함을 섞어서 제공하는 메신저 역할을 해서다. 홍차에는 마들렌을, 그리고 녹차를 마실 때는 팥이 든 과자를 먹으면 완벽한 하모니를 이루는 것처럼 말이다. 단맛에 무한대로 관대했을 적에는 버터를 얹어 구운 식빵에 잼을 발라 먹거나 주말이면 팬케이크를 구워 온갖 과일을 곁들여 메이플 시럽을 뿌려 먹기도 했다. 그러나 그런 음식은 먹을 때만 좋고, 먹고 나면 체감상 볼이 빵빵하게 부었다. 먹으면서 실시간으로 살이 찔 수 있는지 아직도 궁금하다.

나의 또 다른 식습관 문제는 튀긴 음식을 꽤나 좋아한다는 거였다. 그러나 밀가루를 끊자 자연스럽게 튀김이 사라져 질 낮은 기름을 섭취할 일도 없어졌다. 한마디로 풀(설탕)이 사라지면 사슴(밀가루)이 모두 죽고, 호랑이(나쁜 기름)도 더는 먹을 게 없는 상황이 된다. 그리고 인간도 살지 못하는데…. 밀가루 단식을 하게 되자 외식의 선택지가 좁아졌다. 어차피 주로 집밥을 먹어서 혼자 먹는 건 상관없으나, 사회적 식사가 어려워졌다. 내가 가려 먹는 음식이 있으면 상대가 나서서 배려해줄 때가 많지만 언제까지고 내 뜻대로 살지는 못하겠지.

"뭐 먹고 싶은데? 내가 살게. 먹고 싶은 거 말해봐."

신세 졌던 친구 H에게 모처럼 점심을 사겠다고 메뉴를 골라보라며 호기롭게 말했다. 이때만 해도 나의 머리는 순한 상태였다.

"오랜만에 중국 음식 먹을까?"

뭐라고! H의 가벼운 한마디로 내 머릿속은 순식간에 복잡해졌다. 면과 튀긴 고기와 달달한 소스가 끊임없이 오갔다. 난감하다. 상대방에게 마음을 표현하고 싶어서 사는 점심에 내가 먹을 만한 외식 메뉴를 고집한다는 것 자체가 어불성설이지 않은가. 세상에는 나처럼 안 좋은 건 피하고 절제하자는 주의가 있는 반면, 또 누군가는 한 번뿐인 인생, 먹고 싶은 것과 하고 싶은 것을 모두 하면서 즐겁게 지내자는 자극 추구 성향도 있다. 금욕주의와 향락주의는 양극단에 있지만 두 가지 유형 모두 사회에서 사람들과 두루두루 원만히 지내고자 한다면 이상적인 모습은 아니다. 중용의 미덕이 필요하다. 내가 만약 고립을 자처하는 진정한 은둔자였다면 이런 고민을 하지 않겠지만, 나는 사회에 발을 걸치고 있는 데다 음식을 가려 먹어야 할 특별한 지병도 없으니 인간관계를 담보로 식사 메뉴에 까다롭게 굴면 곤란하다. 때론 상대의 기분을 맞출 줄도 알아야 한다. 찰나의 순간 '두뇌 풀가동'으로 모든 경우의 수를 계산한 끝에 중국 음식을 먹기로 결심했다. 그러나 H가 나의 머뭇거림을 느꼈는지, 메뉴를 한식으로 바꿨다. 이건 너무 미안하잖아.

나는 어쩌다 밀가루까지 안 먹기로 결심했는가. 설탕 중독이 희미해지자 식습관 교정의 투지가 불타올랐다. 처음에는 살을 빼고 싶었다. 어느새 표준 이상으로 불어난 체지방이 문제였다. 건강 정보 프로그램으로부터 세뇌당한 비만한 몸이 가져올 온갖 나쁜 질병을 떠올려보니 더는 미룰 수 없었다. 살이 찌면 하체에 힘이 실리는 운동, 심지어 걷기마저도 무릎에 부담이 되고, 혈압과 당뇨로 가는 성인병의 고속도로를 타는 건 시간문제라서 나이가 들면 비만이 단순히 외모에 국한되지 않는다. 목숨이 걸려 있다!

인바디가 제시한 나의 목표 몸무게는 정확히 최근 퇴사한 회사에 입사했을 당시의 몸무게였다. 지난 회사가 암암리에 제공한 풍족한 외식 환경과 스트레스성 과식으로 수년 사이 10킬로그램 가까이 쪘고, 이를 다시 빼야 했다. 다이어트는 식이조절이 거의 전부다. 나도 가장 살찌는 음식인 설탕과 밀가루, 나쁜 기름을 단계별로 끊고 나자 한 달 만에 3킬로그램이 빠졌다. 주변 사람들은 초심자의 행운이라고 했지만, 아직은 조금만 노력해도 몸이 나아진다는 것 자체가 내겐 위안이다. 나이 들었다는 이유로 나를 완전히 놓아버렸다면 살이 안 빠지는 체질이 되고 비만한 몸에 불편함이 하나씩 생겨났을지도 모른다.

비가 와 농사일을 하지 못해도 곡식의 수요는 줄지 않는다는 '수(需)' 자의 의미처럼 우리는 어떤 상황에서도 먹어야 산다. 고대인이 식량이 부족한 겨울을 나려면 몸의 비축 에너지인 체지방이 많을수록 유리했을 테고 지금 나의 유전자도 그와 다르지 않아서 쓰고 남은 에너지를 알뜰하게 쌓아둔다. 몸속 지방이 모르는 사실은 현대인에게 먹을 게 부족한 겨울이 더는 없다는 것이다. 가만 보면 좋은 음식을 과식하는 경우는 없다. 채소나 고단백 음식, 식이섬유가 많아 오래 씹어야 하는 통곡물을 먹다 보면 포만감이 빨리 느껴지는 반면 소화 잘되는 흰쌀밥이나 후루룩 넘어가는 라면 같은 면 음식, 부드러운 빵은 먹고 나면 허전해서 더 먹고 싶어진다. 어느 날 현미를 샀다가 보관법을 읽어보았는데 흰쌀보다 영양소가 풍부해 쌀벌레가 잘 생기니 밀폐 후 냉장 보관하라고 적혀 있었다. 도정을 덜한 곡물은 벌레마저 좋아하는데 왜 사람은 부드러운 흰쌀밥을 더 좋아할까. 의문을 품을 필요도 없이 나도 안다. 씹기 편하고 달고 부드러우며 소화가 잘되고 더 맛있어서 즐거움을 주기 때문이지. 게다가 밥 짓기도 백미가 훨씬 편하다. 꺼끌꺼끌한 통곡물을 먹어야 한다고 나를 세뇌시킨 상태가 아니었다면 나 역시 흰쌀밥을 선호했을 것이다.

"어떻게 빵을 안 먹을 수 있어!?"

밀가루 단식을 선언하자 주변의 밀가루 음식 애호가들이 그게 가능한 발상이냐는 질문을 던졌다. 통밀빵이나 파스타를 만드는 듀럼밀은 괜찮다는 말도 정말 많이 들었다. 사실 그런 종류의 밀가루 음식은 중독되지 않는다. 거친 잡곡밥이 윤기 도는 흰쌀밥만큼 당기지 않는 것처럼. 하지만 비록 통밀빵이나 파스타라 할지라도 밀가루는 밀가루라서 안 먹고 있다. 가루로 만든 음식이라 대체로 한 끼 탄수화물 섭취량이 많아지고, 그런 밀가루일지라도 한번 먹기 시작하면 입맛이 길들어 흰 식빵이나 쿠키 같은 과자의 유혹에 지지 않으리라는 보장이 없다. 아직 내 의지를 믿지 못한다. 일상 식단에 밀가루 포함 여부가 중요해지자 냉장고에서 모든 가공식품이 사라졌다. 어묵, 만두부터 시판용 소스까지 모두. 그러나 이는 어디까지나 집밥일 때만 가능하다. 외식은 알게 모르게 음식에 설탕도 밀가루도 섞여 있을 게 분명해서 나도 모르게 섭취하게 되지만 크게 신경 쓰지 않는다. 일단 칩거 중이라 식사 약속은 대체로 한 달에 두어 번뿐인 데다 식사가 내 삶의 전부는 아니니 과하게 예민해지고 싶지 않다.

"한식 아니면 샐러드."

뭐가 먹고 싶냐고 질문받으면 내가 하는 대답은 늘 비슷하다. 바깥에서 음식을 고를 때 두 가지 옵션밖에 없어서 메뉴 고민은 줄었고, 색다른 맛을 느끼고자 하는 열망도 다행히 없다. 생선은 담백하고 샐러드는 풀 맛이 난다. 모두 내가 아는 건강한 맛이다. 식도락을 즐기지 않고 심플한 식사를 선호하는 게 좋은가 나쁜가는 자신이 무엇을 더 우선순위에 두고 사느냐에 좌우될 뿐 정답은 없다. 우리는 자유주의 시대에 태어난 까닭에 중세처럼 엄격한 종교적인 규율이 일상을 통제하지 않고, 라마단처럼 정해진 금식 기간이 있는 것도 아니다. 개인의 너른 선택의 자유는 존중하나 그 책임 역시 한 사람이 짊어지고 가야 하는 세태 속에서 스스로 중심을 잘 잡지 못하거나 몸이 상하면 자기 관리를 못 한 내 탓이 되기에 스스로 자책하게 된다. 나도 10킬로그램이 불어난 몸이 전부 내 잘못 같았다. '그때 스트레스에 더 담대하게 반응했더라면!'

'선물로 받은 유명한 제과점 디저트를 먹지 않고 꾹 참을걸!' 같은 온갖 후회를 했다. 돈과 체중은 한 번의 방심이 큰 화를 부른다더니 나는 그 대가를 치르고 있는 중이다.

온몸의 세포가 바뀌는 기간이 80일이라 한다. 그동안 밀가루 단식을 이어간다. 설탕, 밀가루, 기름에 볶거나 튀긴 음식이 사라진 식탁에 쾌락은 없지만 다른 종류의 즐거움이 있다. 청경채, 브로콜리의 맛을 온전히 느끼는 미뢰. 예전보다 가벼운 몸, 일정한 기분을 유지하는 정신, 빛나는 피부처럼 우리가 많은 돈을 들여 얻고자 하는 모든 것이 절제력만으로 해결이 된다면 얼마나 저렴한지 모를 일이다.

○
의외의 발견

 아침에 일어나 물을 마시기 전 체중계에 올라간다. 오래전에 '다시는 체중 따위 신경 쓰지 말아야지!' 속으로 외치며 나눔했던 체중계의 빈자리에 최신 버전이 다시 나눔으로 채워진다. 체중계 앱에는 체지방량, 골격근량 등을 세세하게 분석해주는 지표가 있으나 그래도 눈에 들어오는 건 역시 몸무게다. 식단 앱에도 체중을 연동하여 매일 변화하는 몸무게의 추이를 한눈에 그래프로 보면서 내가 얼마나 먹었는지, 또 운동으로 소모한 칼로리는 얼마인지 기록한다. 오르락내리락하는 모양새가 주식 같아서 아침마다 희비가 엇갈린다. 나스닥 시장이 오르고 체중이 줄면 기분이 좋고 그 반대면 어쩐지 울적해서 이 두 가지 숫자가 매일 아침 나의 정신 건강을 좌우한달까! 그러나 파이낸셜 웰니스(재무건강)도 신체 건강만큼 중요하니 내가 견뎌야 할 심리적 무게이겠지. 얄궂게도 이 모든 지표를 확인하고 나면 건강 앱에서 지금 내 마음 상태가 어떤지 묻는다. 그래, 정신 건강도 중요하니까 하루를 시작하는 기분도 입력한다.

측정할 수 없으면 관리할 수 없고, 관리할 수 없다면 개선할 수 없다는 말처럼 나의 주요 건강 지표를 매일 살펴보며 개선점을 찾는다. 이토록 머리 아프게 몸 관리를 하며 지낼 필요가 있을까 싶은 날도 있고 수치에 아무 성과도 나지 않은 날이 더 많아서 시무룩하지만, 주의 깊게 나를 관찰하는 편이 무기력하게 지내는 것보다 훨씬 재미있어서 희비의 감정과 개선점을 찾는 머리 굴림을 즐기는 편이다. 사실 한 달에 1킬로그램을 빼는 게 이렇게 어려운 줄 몰랐다. 체중은 복합적이라서 일희일비할 필요는 없다지만(보통 한 달 단위 모니터링을 권장한다), 내겐 어제 나의 생활을 보여주는 성적표 같다. 섭취량 대비 활동량이 부족하면 찐다. 절제를 모르고 먹었다면 또 찐다. 대신 적당히 먹고 규칙적으로 운동하면 체중 변동은 미미하다. 식습관 교정은 쉽지 않은 시도이기도 했지만 영양학적 무지 때문에 하마터면 처절하게 실패할 뻔했다.

"탄수화물을 너무 안 드셔서 그런 거예요."

그즈음 근력을 키우려 동네 피트니스센터에 다니게 되었는데, 트레이너 선생님에게 기운이 없다고 이야기하니 바로 탄수화물 부족을 언급했다.

"저는 130그램 잡곡밥을 한 끼 먹는걸요! 일일 권장섭취량이 130그램이던데…."

늘 그렇듯 비전공자는 인터넷에서 봤는데요, 라는 논지를 펼친다. 그러나 트레이너 선생님은 순 탄수화물 기준이라며 지금 먹는 양이 너무 적다고 나의 무지를 깨우쳐주었다. 이어서 프로 보디빌더들은 단백질 중심으로 하루 다섯 끼도 먹으며 근육을 만들려면 충분한 에너지가 필요하다고도 했으나, 나는 일반인이고 많은 열량을 근육으로 바꿀 만한 재간이 없어 새겨듣지 않았다. 체지방을 줄이겠다고 무의식적으로 저칼로리 다이어트를 하고 있었던가. 이럴 경우 소중한 근육도 함께 빠지니 피해야 할 다이어트 방법이다. 이후 트레이너 선생님이 추천해준 식단 앱 '인아웃'에 뭘 먹었는지 기록하기 시작했다. 그동안 어림짐작으로 영양소를 고려한 식단을 구성하다가 앱에 음식의 종류를 세분화하여 중량을 입력하고 이를 바탕으로 영양과 칼로리를 분석해준 내용을 확인하니 무엇을 더 먹어야 할지, 덜 먹어야 할지 보여서 유용하다.

밀가루 단식을 하며 생각보다 탄수화물을 너무 적게 먹고 있었는데, 귀리 절반이 담긴 잡곡밥 130그램은 순수 탄수화물로 치면 50그램이 채 되지 않았다. 고구마 100그램의 순 탄수화물은 35그램에 불과하다. 그래서 앱에서 제시하는 하루 목표 탄수화물 섭취량 206그램(트레이너 선생님은 150그램을 제시했다!)을 채우려면 꽤 노력해야 하는 상태였다. 문제는 이런 식이섬유가 있는 탄수화물은 매우 꼭꼭 씹어야 해서 식사를 오래 하게 만드니 금세 배가 불러 더 먹고 싶은 욕구가 생기지 않는다. 15분 이상 식사를 천천히 할 때 렙틴이라는 식욕 억제 호르몬이 분비되는데, 나는 그 렙틴이 어찌나 정상적으로 작동하는지 포만감을 쉽게 느꼈고 더 먹고자 하는 욕구가 급격히 줄어들곤 했다.

의외로 양질의 탄수화물 섭취가 어렵다는 걸 알게 되자 한식 한 끼, 샐러드 두 끼의 식사 패턴을 한식 두 끼, 샐러드 한 끼로 바꿔 식사량을 늘렸다. 너무 달지 않은 과일도 약간 더 먹으면서 탄수화물 권장 섭취량을 채우려 노력했다. 내 평생 탄수화물을 적정량 먹는 게 이렇게 어려우리라고는 단 한 번도 상상해본 적이 없던 만큼 신선한 경험이다. 소싯적 간식으로 즐겨 먹었던 단팥빵은 46그램의 탄수화물을 가진 300칼로리의 음식이다. 우유 한 팩과 단팥빵으로 500칼로리를 채운다면 간단한 한 끼를 때울 수 있는데 안타깝게도 각설탕 여섯 개 정도의 당분이 있으며 식이섬유가 없어 포만감이 들지 않고, 채소로 섭취하는 미량 영양소가 없으니 불균형 식단이 된다. 게다가 금방 배가 고파지므로 건강한 식사도 아니다. 봉지를 뜯어 바로 먹거나 뜨거운 물만 부으면 끝나는, 때로 전자레인지 1분이면 조리가 완료되는 값싸고 편리한 음식들 대다수가 건강식이 아닌 것처럼.

건강식을 먹는 삶이 한 달가량 지나자 문득 내가 진정한 사치를 하고 있다는 감탄이 새어 나왔다. 간단히 준비한다 해도 한 끼마다 보통 30분씩 요리에 시간을 쓴다. 뒷정리도 그에 준하는 시간이 걸린다. 먹는 데는 20~30분가량 걸리니 식사를 준비하고 뒷정리까지, 끼니마다 1시간 30분이 필요하다. 하루의 대부분을 일에 쓰는 현대인이 식사에만 이 정도의 시간을 쓰기란 무리여서 주로 배달 앱과 간편식에 의존하게 된다. 시간도 그렇지만, 건강한 음식을 위한 식비 지출도 만

만치 않다. 내가 매번 랍스터의 등을 두드리고, 캐비어를 한 숟가락씩 퍼먹지도 않는데 단지 가공식품을 장바구니에 넣지 않다 보니 평소 식비보다 1.5배 정도 지출이 늘었다. 과일 사는 돈을 줄이고 단백질 식품 사는 돈을 늘렸으나 육류가 비싸다. 육고기를 즐기지 않는 탓에 품질 좋은 고기를 고르느라 더 많은 돈이 지출되는 거겠지. 첨가물을 넣어 가공한 완제품 닭가슴살(전자레인지 1분 조리용)은 어쩐지 비위에 맞지 않아 냉장 닭가슴살을 사서 월계수잎과 소금, 맛술을 넣은 물에 삶는 방식으로 조리한다. 조리를 마친 간편식 닭보다 왜 생닭이 더 비싼 건지 알지 못하지만, 유통 방식이나 혹은 유기농이나 무항생제 표기가 있는 것을 골라 사다 보니 더 비싼가 보다라고 넘겨짚고 만다.

다만 닭가슴살 100그램에 단백질이 고작 22그램 들어 있다는 사실은 실망스럽다. 100그램이면 최소 절반은 순 단백질이어야지! 냄새가 안 나도록 정성으로 삶아낸 닭가슴살을 잘라 상추에 숨겨서 싸 먹는 와중에 노력 대비 적은 양의 단백질을 먹는다는 게 슬프다. 고등어 100그램에도 22그램 정도의 단백질만 있을 뿐이다. 반면에 탄수화물이라 굳게 믿었던 귀리와 그저 바다에서 나는 채소 정도로 여겼던 미역에도 단백질이 들어 있음에 놀란다. 덕분에 하루 60그램 정도의 단백질을 무리 없이 섭취 중이나 근성장을 위해서 효율이 좋은 동물성 단백질인 살코기를 주기적으로 먹고 있다. 각종 채소와 과일, 통곡물과 올리브유, 들기름, 여기에 콩이나 해산물은 주 6일, 남은 1일은 닭가슴살…. 양질의 식품을 장바구니에 담다 보니 엥겔지수가 치솟는 건 당연하겠지. 그러나 식비 예산을 늘릴지언정 값싼 정크푸드를 식단에 섞을 생각은 단 한 번도 하지 않는다.

수수하지만 호화로워

가스레인지 위에도 부엌 타일에도 튄 기름이 하나도 없다. 주방 캐비닛 안에는 기름기를 닦는 청소용 에탄올이 머쓱하게 놓여 있으나, 역시 행주로만 쓱쓱 닦아내도 깨끗하다. 생선은 굽지 않고 찌거나 조린다. 채소 볶음을 할 때도 물로만 찌듯이 볶는다. 한때 프라이팬이 가장 바빴다면 지금은 찜기가 분주하다. 식사를 마치면 속이 편안하고 뒷정리도 깔끔해서 대부분 기름기 하나 없는 그릇을 씻는다. 생선이 담겼거나 올리브유를 두른 샐러드를 담은 접시들은 반질거리지만.

물로 요리하는 담백한 식사가 한 달 넘게 이어지자 입맛도 순해지고 사람도 순해진 나머지 설거지하다 컵을 깨트려도 무덤덤하고 밥을 먹다가 국물을 쏟아도 무심히 닦아낸다. 작은 사고들에 의연할 만큼 느슨한 요리를 해 먹으면서도 마음 한편으로는 요리 레퍼토리가 너무 수수하다고 느낀다. 양념도 많이 하지 않아서 채소나 고기 본연의 맛이 나는 건강식은 내 입맛에는 잘 맞지만 가끔은 풍부한 맛이 그립다. 이때는 후추나 고춧가루를 톡톡. 그러나 아무래도 닭고기가 먹기 싫은데, 그 맛을 가리려면 카레를 하는 편이 좋지 않을까. 나는 상추에 싸 먹는 닭가슴살이 지겨워져 육고기를 먹는 날이 오자 카레를 떠올렸다. 평소 슈퍼마켓에서 샀던 카레가루에는 밀가루와 팜유까지 들어 있어서 생활협동조합 제품을 찾아봤더니 밀가루 없는 카레가루는 가격이 비쌌다. 쌀가루, 현미유와 설탕이 들어 있고 그나마 첨가물이 없다는 점이 다행이려나. 그것도 내 기준의 건강식은 아니라서 이내 인도 향신료인 가람마살라만 뿌려서 카레 먹는 기분을 내볼까 고민하기도 했다. 어차피 걸쭉한 카레 맛은 안 나올 게 분명하니 '이대로 카레는 못 먹는 거야?'라는 내적 비명을 한번 지른 다음 '어쩌다 한번이라면 괜찮지 않을까?'라며 나와 타협을 시도했다. 결론부터 말하자면 카레는 아직 만들지 않았는데, 진한 소스

음식에 다시 입맛이 길들기 시작하면 멈추지 못할 게 뻔히 보여서다. 카레만큼은 괜찮겠지 하다가 브라운소스를 뿌린 오므라이스, 마요네즈에 피클을 잔뜩 넣은 타르타르소스에, 케첩에…. 그렇게 '초딩' 입맛으로 회귀하고 나면 지금 나의 노력은 물거품이 되지 않을까. 아마 10년 후에나 '이제 고칼로리 음식이 싫어졌어…'라는 입맛 상실의 시간이 찾아올지도 모른다. 나는 지금부터 잘 차려진 건강한 식사에 감탄은 하되 식탐은 부리지 않는, 담담한 어르신 입맛으로 살고 싶은걸. 적어도 가정식에서만큼은 내가 정한 선을 지키며 살고 싶다.

 호적 나이만큼은 기억하고 사는 편이 좋다. 가끔 나이는 숫자일 뿐이라고 이를 잊고 살라는 조언을 많이 하지만, 내 생각에 건강 문제만큼은 맞지 않는다고 본다. 방심은 방종을 부르니까. 자기 관리를 잘한 사람들은 신체 나이가 어리다. 실제로 우리 아빠는 80대에 가까운 나이임에도 심혈관 나이가 50대 수준(검사 결과지를 내게 보여준 건 아니지만)이라며 기뻐하셨다. 나 역시 표준체중인 시절에는 심혈관 나이가 5년 이상 어리게 나왔다. 그러나 체중이 늘자 체중계 앱이 내 신체 나이를 내 나이보다 다섯 살이나 높여 잡았다! 건강관리에 잠시라도 한눈팔면 신체 나이는 순식간에 바뀐다. 나는 내 나이보다 어린 이상적인 신체 나이까지는 바라지도 않으며, 외모 개선이 목적인 어린 시절의 다이어트와는 각오 자체도 다르다. 지금은 양질의 삶을 위해 입맛 바꾸기 중이다. 40대답게 나는 혈관을 관리하고 염증 없는 몸을 위해서 요리법은 수수하지만 영양소 균형을 고려한 화려한 식사를 이어나간다.

변해가는 입맛에 맞춰 음식 섭취 순서도 바꿨다. 당뇨가 있는 사람들에게 권하는, 혈당을 빠르게 올리지 않는 거꾸로 식사법이다. 식이섬유가 풍부한 채소를 먼저 먹고 그다음 단백질을, 마지막에 탄수화물을 먹는다. 샐러드를 먹을 때는 잘 지키나 밥에 반찬을 함께 먹는 한식은 애매해서 섞어 먹고 있긴 하다. 과일은 의견이 분분해 식전에 먹어라 식후 2시간 뒤에 간식으로 먹어라 등등 다양하다. 나는 과일 먹는 시간 정도는 지키지 않는다. 요즘은 사과, 블루베리, 자몽이나 딸기 정도의 당도를 가진 과일을 자몽을 제외하고는 껍질째 먹는다. 먹는 양도 예전보다는 많이 줄어 사과는 한 개를 하루에 나눠 먹거나 자몽은 두 조각, 블루베리는 열 개 남짓 먹는다. 같은 날 여러 종류를 먹기도 하고, 안 먹는 날도 있다. 더 먹고 싶은 날에는 더 먹기도 한다. 샐러드 한 끼에 채소와 함께 곁들이거나 또는 한식을 먹고 난 후 입가심으로 가볍게 먹는 한

두 쪽의 과일이 시간까지 지켜서 먹어야 할 정도로 치명적인 양인지는 모르겠다. 전문가의 말에 따르는 쪽이 좋겠지만, 뭐든 적당히 먹고 절제하는 사람이라면 언제 무엇을 먹어도 문제가 되진 않을 것이다. 심지어 카레 같은 음식이라도 말이다 (아직도 카레를 잊지 못한 걸까!).

여자들은 흔히 생리 전 식욕이 증가하는데 주로 단 음식 또는 치즈가 가득한 고지방 음식이 먹고 싶어진다. 나도 마찬가지였다. 그러나 입맛을 바꿔나가자 딱히 설탕 음식, 기름진 메뉴 등이 떠오르지 않았다. 피자나 햄버거 같은 음식은 못 먹는 음식이라고 머리에 입력하고 지속적인 경고를 보내서인지 아무리 이미지를 보아도 예전만큼 먹고 싶은 욕구가 생기지 않는다. 먹지 않으면 먹고 싶지 않다. 음식을 참는 게 아니라 먹는 음식이 달라진 것이다. 식욕이 사라지지도 않는다. 그저 머릿속에 먹고 싶은 메뉴라고는 미역국이나 여러 나물을 넣은 비빔밥처럼 평소 먹는 한식이나 사과, 자몽, 방울토마토 같은 단맛 나는 과채 위주다.

한식과 샐러드를 먹되 음식의 무게를 철저하게 재면서 먹지도 않는다. 몸의 요구에 따라 체중 감량과 상관없이 더 먹고 싶으면 더 먹었고, 입맛이 없으면 적게 먹었다. 이와 함께 먹는 속도를 의식하며 삼시 세끼를 최대한 같은 시간에 먹는 식습관 훈련이 이어지자 몸이 빠르게 적응했다. 습관을 들이던 초반에는 절제력이 약해진 순간도 당연히 있었다. 그때마다 성인병에 걸리면 먹게 될 한 움큼의 약을 상상했다. 나는 참을 만한 고통에는 진통제를 먹지 않고, 평소에 영양제 역시 한 알도 먹지 않을 만큼 약을 굉장히 싫어한다. 약을 삼킬 때마다 괴롭기에 반드시 먹어야 하는 치료제가 아닌 이상 일상적인 약물 섭취는 꺼린다. 지속적으로 병원을 방문하고 상시 약을 먹는 생활에서 최대한 멀어지고자 음식을 가려 먹는다는 약식동원(藥食同源)의 발상. 미래는 장담할 수 없지만, 가능성을 줄인다는 그 자체만으로도 힘이 솟는다.

2-6.

이로운 운동 생활

"살이 좀 빠진 거 같아요. 요즘 쇄골이 만져지더라고요."

근력운동 한 세트가 끝나고 트레이너 선생님에게 한담을 건넸다. 웨이트트레이닝은 내게 조금 생소한 운동이다. 이렇게나 대화가 많이 이뤄지는 운동이라니? 여태 요가는 진지하고 성실하게, 필라테스는 지금 몸이 틀어졌나 안 틀어졌나를 신경 쓰거나 또 쉴 새 없이 이어지는 동작을 좇느라 대화할 틈이라곤 없다. 선생님도 회원들의 자세가 틀어졌는지를 매의 눈으로 살피느라 바쁘다. 그런데 헬스는 '무게를 치고' 한 세트 사이사이 쉬어가는 시간을 가진다. 게다가 몸을 쫙쫙 늘리는 유연성 운동을 주로 해왔던 내게 타격점을 줘서 그 부위의 근력을 집중 공략해 키우는 집요함도 신선했다. 월, 수, 금에는 필라테스 수업을, 화, 목에는 웨이트 수업을 받는다. 마치 창과 방패의 대결처럼 피트니스센터에서 단단하게 만들어놓은 근육을 다음 날 쭉 늘려 근육통을 푸는, 퐁당퐁당이 이어진다. 이 둘의 시너지는 체중 감소보다 몸을 예쁘게 다듬어주는 데 있다. 물론 내겐 근육을 자극해 근성장이 이뤄지고, 뭉친 곳을 계속 풀어주어 아픈 곳이 없다는 효과가 더 크지만, 몸이 보기 좋게 변한다는 자체가 더 큰 만족감을 주는 것도 부인할 수 없는 사실이다. 지방을 빼려면 유산소운동만으로도 충분할지 모르지만, 근육이 있어야 살이 쉽게 찌지 않는다는 조언에 근력 키우기에 진심이 된다.

그즈음 나는 몸의 여기저기를 주물러댔다. '허벅지가 단단해, 종아리는 다 근육 같아. 역시 난 하체가 튼튼하군. 그나저나 뱃살은 왜 안 빠질까.' 보통 이런 의식의 흐름이었다. 특히 그동안 파묻혀 있던 쇄골이 드러나서 나도 모르게 만지는 버릇이 생겼다. 신기했기 때문이다.

"나중에 회원님 쇄골에 물도 담을 수 있게 만들어드릴게요."

정말 트레이너 선생님의 말처럼 될까. 나는 농담인 줄 알고 그저 크게 웃었지만, 어깨가 안으로 말려 쇄골이 더 드러나지 않았을 거라는 설명에 곧바로 납득했다. 나는 오랫동안 사무 노동자로 살아서 말린 어깨라는 고질병이 있고, 목 주변이 잘 뭉쳐서 이를 풀어주는 스트레칭을 게을리하면 곧잘 통증이 찾아왔다. 어딜 봐도 근육 하나 잡히지 않는 허약한 몸통에 큰 불만은 없었지만 상황은 언제나 변하기 마련이다.

1년 전부터 무릎을 굽혔다 펴면 뚝뚝 소리가 나는 바람에 정형외과에 갔다가 이곳저곳 엑스레이를 찍어본 적이 있다. 통증이 없어서 대수롭지 않게 여겼지만, 아무래도 지금 내 몸에 안 맞는 운동을 하는 건 아닌지 전문가의 의견을 듣고 싶었다. 무릎이 안 좋은데 등산, 달리기 같은 걸 하고 있었다면? 그러나 뜻밖에도 요추에 협착이 있다는 소견을 들었는데(노화 때문이라고!), 여태 요통으로 고생해본 적이 없어서 척추만큼은 문제가 없는 줄 알았다. 의사 선생님 말에 의하면 몸의 근육들이 '아직' 잘 잡아주고 있어서 그렇다고 계속 운동을 해서 근력을 키워야 한다고 했다. 무릎 역시 나이가 들수록 관절은

닳기 마련이고, 재생이 되지 않지만 주변 근육을 키워두면 통증 없는 생활이 가능하다고 했다. 여태 몸이 뭉치는 고통을 막고자 유연성을 기르는 종목으로 운동 생활을 이어오던 나는 정형외과에 다녀온 시점부터 노후 대비를 위한 근력운동을 진지하게 추가했다. 특히 여자라면 여성호르몬이 거의 사라지는 갱년기 이후부터 뼈 건강을 담보하기 어렵다. 젊을 때부터 근육을 키워두고 운동에 익숙해져야 나이 들어도 습관처럼 운동하고, 근손실도 적어져 덜 고생하며 산다고 믿고 있다. 건강한 식생활처럼 운동은 생존 기술이다. 생애전환기를 맞이했다면 예방 관점에서 자기 관리를 잘해야 이후의 삶의 질이 높아진다.

"운동 기술은 한번 배워두면 평생 쓸 수 있으니 정말 유용하잖아요."

피트니스센터의 대표 트레이너 선생님에게 상담을 받다가 들은 말인데, 나는 여태 기술을 배운다기보다는 그냥 운동하는 걸 안 좋아하니까 돈을 들이면 의무감으로라도 운동을 하게 된다는 개념이 더 컸다. 스스로 매트를 깔고 운동하는 날도 있지만 운동이 내 삶의 일부가 될 만큼 즐기는 편도 아니다. 2017년부터 해온 요가는 이제 수련 수업에 정기적으로 참석하지 않아도 집에서 혼자 할 만큼 익숙한 운동이다. 나도 모르는 사이에 무한 반복한 빈야사 시퀀스를 머리로 기억하고, 몸으로 익혔다. 책상 앞에서 공부한 적은 없지만, 오랜 시간 귀동냥으로 들은 지식들이 남아 있기에 완벽하진 않아도 나홀로 수련이 가능하다. 다만 무릎이나 허리 상태가 걱정되어 양반다리로 앉는 파드마 자세와 무릎을 심하게 누르거나 허리를 과도하게 굽히고 펴는 아사나는 피하거나 조심히 임한다. 이는 내가 병원에서 알아낸 내 몸의 현재 상태와 유튜브 전문의 선생님들의 조언 덕분이다.

나 같은 체력장 5급 몸치가 습관적인 운동 생활에 정착하기까지 7년 정도가 걸렸다. 건강, 일, 사람, 심지어 취미에서도 자신과 맞는 대상을 찾기까지 수없이 많은 시행착오를 거쳐 겨우 만나고 이를 오래 유지하기도 하지만, 변화도 빠르다. 길고 긴 시간 동안 자신에게 맞는 방법을 찾아 고민하고 시도하고 고쳐나가다 보면 지금 가장 좋은 답안지가 눈에 보이기도 한다. 과거에는 불안한 마음이 컸던 내게 심신 수련의 길을 열어준 건 요가였다. 지금은 기능적으로 잘 움직이는 몸, 근력 키우기가 우선순위라서 자세 교정과 유연성, 협응을 위한 필라테스와 힘을 기르는 웨이트트레이닝이 내게 잘 맞는 운동이 됐다. 어쩌면 평생 단 하나의 운동을 한다는 건 환상일지도 모르겠다. 내 몸이 변하는데, 몸과 맞지 않은 운동을 계속 고집할 이유는 없으니까. 살아가는 모든 일이 그때그때 상황에 맞춘 적응의 결과물인 것처럼. 내가 설탕, 밀가루와 멀어지고 운동과 가까워진 이유도 다르지 않다.

가소롭지만, 요즘 나도 모르게 팔뚝에 힘을 줘보곤 한다. 팔뚝 살이 흔들리지 않고, 탄탄하게 잡혀 있다는 것 자체가 생소해서 재미있다. 내 몸이 조금씩 달라지는 모습을 보니 그제야 뭔가 하고자 한다면 늦은 때는 없구나, 라는 명제가 진리임을 알게 된다. 그 나이에 맞는 성과에 만족한다면, 이 정도에도 충분히 기쁘다면 향상심 스트레스 따위도 없고 말이다.

하루 2시간은 운동에 쓸 것. 1시간은 체육 수업(체육이라는 말은 어쩐지 내가 학생이 된 기분이라서 마음에 든다), 나머지 1시간은 비타민D 충전 목적으로 대부분 동네의 숲 공원에서 볕을 쬐며 빠르게 걷거나 뛰며 유산소운동을 한다. 비가 오는 날에는 피트니스센터의 트레드밀(러닝머신)과 '천국의 계단'을 이용해 바깥 산책과 비슷한 강도의 새로운 운동 루틴을 이어가고 있다.

충분한 영양과 수면, 바른 자세를 토대로 유연성과 협응력을 키우는 운동과 근력운동, 그리고 심폐지구력을 키우는 유산소까지. 나의 운동 포트폴리오에는 몇 가지 나만의 기준이 있다. 먼저 유료 클래스를 등록해 전문 트레이너의 지도하에 운동하기다. 아무리 쉬워 보이는 동작이라도 자세와 힘주는 자극점을 제대로 배우고 하는 것과 막춤 추듯이 하는 것은 하늘과 땅 차이다. 건강하려고 운동하는데 오히려 부상을 입는다면 크나큰 손해다. 혼자 할 만큼 어떤 운동에 익숙해질 때까지 일단 배우는 게 좋다. 돈이 들기는 하지만 몸에 무리가 가지 않게 관리가 되는 데다 평생 써먹을 기술을 배운다고 생각하면 좋은 투자다.

그다음은 고강도 '스포츠'는 하지 않는다, 이다. 운동을 재미로 하는 사람들이 분명 존재한다. 나처럼 질병 예방, 노후 대비로 하는 사람과 달리 그들은 땀 흘려 움직이고 승부를 내는 활동에 열광한다. 나는 허약한 안전제일주의자이자 무리하지 않는 편이 좋아, 라는 마인드가 너무 강한 나머지 장담컨대 운동 마니아가 될 일은 평생 없을 것 같다. 아마, 그렇겠지?

마지막으로 운동하기 싫은 날에는 유지하는 운동을 한다. 또다시 여성호르몬 탓을 해보는데, 생리 전후로 특히 그렇다. 월경 기간에는 가볍게 산책하듯 걷거나 컨디션이 나쁘지 않으면 계단 오르기 정도의 운동을 한다. 늘 일주일 정도는 중고강도 운동과 멀어지는 패턴이지만, 자연의 일은 의지나 억지를 부린다고 되지 않는다. 오히려 운동 휴식기를 가지면 몸도 쉬고 좋지, 하는 마음으로 편안하게 임한다. 이상하다. 언제부터 하루라도 운동을 하지 않으면 허전해진 걸까.

풀타임 직장인으로 살면서 그간 반쯤 억지로 했던 퇴근 후 운동은 크게 즐겁지 않았다. 늦은 저녁에 1시간씩 달리기나 요가를 한 탓에 교감신경이 활성화된 나머지 밤에 잠을 제대로 못 자는 날도 더러 있었다. 돌이켜보면, 건강관리라기보다 자기 혹사와 같았다. 없는 에너지를 쥐어 짜내는 것과 넘치는 에너지를 운동으로 태우는 상황 중 무엇이 더 즐겁냐고 물으면 당연히 후자다. 나는 넉넉한 마음으로 매일 운동하러 가는 길이 즐거울 수 있음을 처음으로 알았다. 또 지금을 활기차게 보냄과 동시에 건강한 미래가 만들어짐을 어렴풋이 느낀다. 식사는 의식적으로, 운동은 무의식적으로. 그러나 요즘은 운동마저도 의식적으로 임한다. 하기 싫어서 억지로 몸을 움직이는 시간이 아니라 체육 수업이라는 말처럼 진지한 배움이 있는 시간으로 말이다.

○
기쁠 때나 슬플 때나

운동을 마치고 레깅스 차림으로 잠깐 동네 슈퍼마켓에 간다. 위아래 검은색 운동복에 낡은 체크무늬 셔츠를 허리에 감은 차림새로 가벼운 짐백을 어깨에 메고, 한 손에는 트레이닝화가 담긴 주머니를 들었다. 그리고 주섬주섬 꺼낸 장바구니에 30퍼센트 할인해서 파는 브로콜리 한 송이를 담는다. 플라스틱 비닐이 덧씌워지지 않아 더 좋은, 꽤 깔끔한 쇼핑이다. 인플레이션, 이상기후, 건강식이라는 여러 요인으로 식비 예산이 빠듯해진 나머지 요즘은 우편함에 꽂힌 슈퍼마켓 전단지도 꼼꼼하게 살핀다. 값이 싸구나,

싶으면 언제든 걸어갈 채비를 한다. 평범한 일상의 한 조각이 평생토록 이어질 것만 같다.

걸음 평화로웠지만, 내면에서는 천둥번개가 치고 있었다. 체중은 욕심만큼 줄지 않고, 몸이 무거운 날은 운동하기 싫은 마음이 커졌다. '빠른 결말을 원해서 그래. 어차피 자기관리에 끝은 없는데, 조급해할 필요는 없지.' 체중계에 한동안 올라가지 말아야겠다고 마음먹지만, 다이어트와 체력 단련에 집착하는 시기라서 아침에 일어나자마자 비척비척 체중계로 걸어간다. 이번에는 다른 숫자가 보인다. 골격근량이 0.2퍼센트 증가했다! 어제 한 근력운동의 결과인가? 뭔가 뿌듯하다. 일희일비는 그만하기로 했는데….

좋은 스트레스가 나를 끌고 갈 때는 용기가 나지만, 나쁜 스트레스가 나를 덮치면 좌절한다. 어제까지는 확실히 좌절 모드였다. 과체중이던 과거를 떠올려보면 과연 나는 평생 표준체중을 유지할 만큼 꾸준히 자기 관리를 할 수 있을지도 의문이다. 또다시 인간미를 발휘해 요요를 겪게 되려나. 그저 이 모든 건강한 식사와 매일의 운동이 숨 쉬듯 자연스럽게 일상에 스미길 바라고 있다. 언제까지고 운동복을 입고 슈퍼마켓에 장을 보러 가고 싶다. 기간을 정해놓고 목표 달성은 여기까지가 아니라 쭉 이어지는 미래를 원한다.

은은한 몰입 상태를 어떻게 유지할지가 최대 난제다. 최근 들어 체중에 너무 집착한 나머지 스스로 지쳐버렸다. 삶 전반에 걸쳐 생기는 나쁜 스트레스 패턴과 유사해서 이 엉킨 실타래를 어떻게 풀어나갈지 고민하고 있지만 여태 나의 태도가 실타래 끊고 도망치기였음을 깨닫고 이내 시무룩해진다. '더는 못 해. 이대로 다이어트도 끝, 운동도 끝!' 이런 마음으로 모두 정리해버렸다가 또다시 해볼까 하는 마음이 스멀스멀 기어 나오면 다시 시작하는 패턴이랄까. 벽에 부딪친 상황에서 회피하지 않고 하나하나 살살 달래가며 풀었더라면 어떤 결말을 맞이했을지 늘 궁금했지만 아직까지는 모르겠다. 자기 관리는 한번 해봤다가 '나랑 안 맞네, 안 할래' 하는 평범한 취미 생활이 아니다. 다시 말하지만, 과장이 아니라 진짜 목숨이 달린 일이다. 푸념해봤자 달라질 리 없으니 햇볕을 쬐러 숲 공원에 가기로 한다.

오랫동안 살아온 동네와 친하게 지낼 기회가 없었는데, 칩거하다 보니 걸어서 갈 만한 거리까지가 나의 생활권이라서 동네 소식에 조금은 훤해진다. 아는 만큼 가봐야 할 곳도 여럿 생긴다. 개업한 지 얼마 안 되어 폐업한 빵 가게는 한때 나 홀로 단골이었다. 잡곡 식빵을 사러 자주 들렀던 곳으로 설마 내가 밀가루 단식을 하는 바람에 식빵이 안 팔린 건지 괜한 억측을 해본다. "식빵이 조금 잘못 구워져 가운데 구멍이 살짝 났어요, 할인해드릴게요"라고 자주 말했던 빵집 사장님. 완벽하게 구워내진 못했지만, 그래도 담백하고 건강한 맛이 나던 식빵을 여기에서 팔았었지. 잠깐 감상에 젖은 채 내가 출석하는 두 곳의 체육관을 지나 커다란 슈퍼마켓과 채소를 파는 노점 사이로 걸어간다. 땀을 삐질 흘리며 오르막을 걷노라면 이윽고 내가 사랑하는 장소, 도서관 옆의 숲이 나온다. 공식 명칭은 공원이다. 내가 사는 동네는 나의 취향에 맞는 장소가 아닌 어디까지나 주거비 예산과 교통 편의에 맞춰 사는 곳이라서 적당한 애정만 가지고 있었다. 살기 편한 곳이지만, 진짜 내가 좋아해서 살아요, 하는 마음은 없었는데 거의 매일 산책 가는 숲 공원 덕분에 동네에 처음으로 뿌리내렸다는 기분을 느낀다. 떠나기 아쉬울 정도로 절대적인 애정은 아니더라도 정기적으로 방문하며 지낸 몇 개월 사이에 적지 않은 에피소드가 쌓인지라 훗날 다른 곳에 살게 되더라도 가끔씩 생각날 게 분명하다.

○ **Ep. 01 도토리나무 아래에서 마시는 꽃차**

가볍고 작은 등산용 배낭에 찻짐을 꾸린다. 전라남도 구례군에 있는 도서관에 강연을 갔다가 마치고 가게 몇 군데를 둘러볼 기회가 있었는데, 지리적으로 하동과 가까운 곳이라 그런지 차와 다구를 파는 소품 가게가 있었다. 그곳에서 구입한 목련꽃차 한 송이를 집게로 집어 작은 밀폐용기에 넣고 주둥이가 넓은 잔을 챙긴다. 나는 신선 같은 풍류에 은근한 로망이 있어서 오늘의 산책 테마는 푸르른 나무를 바라보며 꽃차 마시기다. 여기에서 포인트는 뜨거운 물을 부으면 꽃이 서서히 펼쳐지는 모습을 감상하는 것이다.

언제나처럼 빠른 걷기 운동을 마치고, 가장 풍광 좋은 자리에 앉아 조용히 차를 마시고 있는데, 동네 할머니 두 분이 내 자리에서 가까운 의자로 다가와 앉아 얼마 전 결혼한 아들과 며느리에 대해 큰 소리로 이야기하며 나의 평온함을 깼다. 그러나 어차피 이곳은 공공장소이고, 처음에만 화들짝 놀랐지 이내 귀에 들리는 대로 적응하니 그런가 보구나 싶은 마음이 들었다. 대화 내용이 안 들릴 리 없으나, 차를 음미하며 바람에 흔들리는 나무를 바라보니 역시 신선놀음이다.

"와, 이것 좀 봐. 도토리가 많이 열리겠네. 그나저나 우리가 너무 시끄러웠죠. 조용히 있는데."
할머니 두 분이 다가오더니 말을 걸었다. 역시 어르신들의 친화력이란! 나는 속으로 여분의 잔이 있었더라면 차를 좀 권해볼 수도 있겠다고 아쉬워했다가 모르는 사람이 주는 걸 요즘 세상에 누가 마시겠어, 라고 고쳐 생각했다.
"아니에요. 그런데 이게 도토리나무인가요?"
나에게 그늘을 제공해줬던 나무가 어떤 종류인지는 궁금하지 않았는데, 어르신들 덕분에 관심이 가고 특별해졌다.
"맞아요. 그럼 있다가 가요."
"네, 조심히 가세요."
가벼운 대화가 스치는 바람보다 더 따스했다.

○ **Ep. 02 폭풍우 치는 언덕**
어릴 때 읽었던 세계 명작 중에 샬롯 브론테의 장편소

설 『폭풍의 언덕』만큼 어두운 광기를 느낀 작품도 드물었다. 끝없이 불어오는 바람을 맞고 서 있는 '언쇼'의 저택이 자리한 언덕 같은 곳에서 어둡고 어딘가 강렬한 느낌의 폭풍우가 친다. 한여름의 변덕스러운 날씨는 종잡을 수 없지만, 잔뜩 찌푸린 하늘이어도 비가 내린다는 보장은 없었기에 나는 '설마' 하는 마음으로 산책에 나섰다. 하지만 언제나 설마는 사람을 잡아서, 하필이면 천둥번개를 동반한 국지성 집중호우를 우산 하나 없이 숲 한가운데에서 만날 줄은 몰랐다. '일기예보에서는 새벽녘에나 비가 온댔는데!' 게다가 오후 5시 무렵이라서 날도 점점 더 어둑어둑해져 활기차던 순간이 어느새 공포로 바뀌었다. 어딘가에서 영화 〈13일의 금요일〉의 살인마 제이슨이라도 튀어나올 분위기라니!

동네의 숲 공원은 시설이 좋아서 운동기구와 함께 휴식을 위한 정자도 여러 개다. 나는 비를 피하고자 손목에 찬 스마트워치가 감지하는 심박수가 한계치를 모르고 올라가는 것도 무시하고 길고 긴 계단을 두 개씩 허겁지겁 올랐다. '쫄딱 젖어서 감기라도 걸리면 큰일이야!' 정자에 이르니 비를 피하는 동네 어르신들이 몇 분 계셨다. 인사를 하고 한구석에 앉은 나는 위화감 없이 녹아들어 어르신들과 함께 날씨 걱정부터 공원의 시설 공사에, 이윽고 정치까지 온갖 주제의 이야기를 듣거나 끼어들면서 1시간가량을 머물렀다. 우리는 천둥번개와 세찬 비를 배경 삼아 정자에 새로 입소한 사람에게는 어디서부터 왔냐며 비를 피하게 된 사연을 물었고, 사선으로 내리치는 비에 몸이 젖고 체온이 떨어지는 걸 느끼며 조난물을 찍기도 했다. 어르신 한 분에게 감기에 걸리면 에어컨과 선풍기 없이 이틀만 땀을 쭉 빼면 낫는다는 민간요법도 전수받으며 그해 여름의 미친 듯이 내리는 폭풍우를 견뎠다. 어느 정도 비가 그치자 우리는 서로 작별 인사를 나누고 각자 흙탕물을 헤쳐가며 걸었다. 그날은 이상한 날이라서 공원 초입에서 동네 사람 누군가가 잃어버린 검은색 푸들을 우연히 마주치기도 했다. 물론 당시에는 몰랐다. 처음에는 어떤 개념 없는 견주가 목줄 없이 산책시키는 개라고 넘겨짚었는데, 수일이 지난 후 낡은 전단지를 보니 가출한 개였다. 부디 주인 품으로 돌아갔기를.

○ **Ep. 03 할머니와 철봉**

내가 숲 공원에 가는 시간은 대개 젊은 사람들이 학업이나 돈벌이로 바쁜 시간대라서 주로 어르신들을 만난다. 그러나 대부분 걷기 운동을 주로 하고 운동기구를 쓰는 분은 비교적 적다. 의사들이 입을 모아 하는 말은 노년기에 근력운동이 정말 중요하다고, 걷지만 말고 근력운동을 하라는 것이다. 어르신들은 근력운동을 할까. 나는 자립적인 노년기 생활에 큰 관심을 가지고 있기에 그분들의 운동 패턴을 눈여겨보곤 한다.

공원 곳곳에 피트니스센터에서 보던 머신과 비슷해 보이는 운동기구들이 있다. 그중에서 내가 도전하고 싶은 첫 번째 기구는 철봉이다. 학생 때 의자를 딛고 올라간 다음 다리를 떼고 얼마나 오래 턱걸이를 하는지 시험도 봤었는데, 단 1초도 못 버텼다. 지금은 가능할지도 몰라. 철봉 매달리기만 훈련해도 팔뚝부터 광배근까지 두루 발달할 듯해서 빠르게 걷기, 계단 오르기를 마치고 조금씩 해봐야겠다고 마음먹었다. 그러나 30년이 지나도 불가능하다. 10초도 못 버틴 채 팔이 아파 내려왔다. 당연히 발받침 없이 코어의 힘만으로 턱걸이를 할 근력도 없었다. 너무나도 어려웠다! 높이별로 나란히 세워진 원시적인 구조의 철봉을 보니 피트니스센터의 현대적인 운동기구들이 초보들의 운동 수행을 정교하게 돕고 있음을 깨달았다. 그동안 근력운동 좀 했다고 완전히 자만했네.

어쩐지 기운이 빠져 꼬리를 내린 개의 꼴로 터벅터벅 걸어가는데 한 할머니가 철봉에 거꾸로 매달려 윗몸일으키기를 하고 계셨다. 눈을 떼지 못할, 순간 뇌의 망상이 아닐까 싶을 만큼 믿기 어려운 풍경이었다. 자세히 보니 철봉에 걸어놓은 어떤 기구에 의지해 거꾸로 매달리는 중이었지만 그렇다 해도 대단했다. 왜 나는 '어르신들은 근력운동을 안 할까'라고 쓸데없는 걱정을 한 건지…. 나이와 상관없이 운동을 하는 사람은 하고 안 하는 사람은 안 한다는 깨달음만 얻었다.

기쁠 때나 슬플 때나 돈이 있을 때나 없을 때나 공원만큼은 언제나 나를 환영한다. 이렇게 든든한 지원군 하나를 알게 되면 운동 생활에도 지구력이 생긴다. 정붙이고 갈 만한 곳이

더 있는지 동네를 조금 더 탐구해봐야겠다는 은근한 의욕도 덩달아 샘솟는다.

○
나는 조금씩
달라지고 있어

"삑! 차 올리세요!"

필라테스 자세 중에 기구의 숄더바에 발을 대고 쭉 펴면서 지면에 딛고 있는 다리를 동시에 점프하는 동작이 있는데, 드디어 나도 해냈다. 다리를 들어 올리는 타이밍의 감도 잡았고, 균형 감각과 힘도 생겼다. 여기서 자랑을 하나 더 하자면 수업 중에 가끔 나에게는 너무 쉬울 것 같으니 팔을 좁혀보라거나, 스프링을 하나 더 걸어 무게를 늘려보라는 중급자 정도의 도전 과제가 선생님으로부터 주어진다. '저는 오랜 세월 몸치였고, 모든 운동 수업에서 꼴찌였는데요. 이럴 수가!' 감격의 눈물까진 아니지만, 뭉클함이 없지는 않다. 못하는 걸 즐기자는 마음으로 임해서일까. 중간에 포기하지 않은 건 둘째 치고 몸이 조금씩 성장하는 게 스스로도 느껴진다. 한마디로 예전보다 구석구석 힘이 들어가고 어딘가 탄탄해지고 있다. 근성장의 감각인가. 다시 한번 이 나이에도 가능하다고, 중년 회의주의에 휩싸인 내게 몸이 긍정적인 신호를 보낸다.

'운동을 하지 않으면 나는 망한다'는 말을 구호 삼아 매일이 훈련이라는 생각으로 임했다. 등을 펴고 걷는 건 의지로 되는 게 아니라 코어에 힘이 생기고, 척추기립근을 단련해야 가능하다. 그러면 의식하지 않아도 저절로 그렇게 걷게 되는데 모두 훈련의 힘이다. 매일 체육관을 왔다 갔다 하며 하루하루를 그냥 흘려보내는 것처럼 살았지만 내 몸은 착실하게 변화를 적립해가고 있었다.

인바디 분석 결과지와 스마트워치의 오늘 활동량과 같은 객관적인 숫자가 얼핏 과학적으로 보일지 모르나 사람 마음은 그렇게 냉정한 지표로 돌아가지 않는다. 심리적인 부분이 더 커서 어떤 일들을 버티는 힘은 마음가짐에 달려 있다. 드디어 점프를 해냈다는 내적 성취감을 느끼는 쪽이 오늘 필라테스로 몇 칼로리를 태웠는지 확인하는 것보다 더 효과적이라는 뜻이다. 아마, 나는 다음 단계로 나아간 상태이리라. 그동안 스마트워치가 제시하는 목표 수치의 달성을 동기부여의 원천으로 삼았다면, 이제는 운동이 당연한 일상이고 몸에 심어진 변화의 추가 움직일 때마다 보상을 받는 쪽으로 달라졌다.

운동과 외국어는 똑같아서 하루라도 훈련을 멈추면 쉽게 감을 잃는다. 마치 연습을 하루 쉬면 스스로가 알고 이틀을 쉬면 아내가 알며 사흘을 쉬면 청중이 안다고 했던 클래식 음악가 레너드 번스타인의 말처럼. 한번 시작하면 멈추지 않아야 비로소 익숙해지고 내 것이 된다. 하지만 푹 빠져 있지 않고 의무감이 전부라면 의지만으로 훈련을 계속하기에는 역시 한계가 있다. 초급반만 3개월씩 수년간 반복했던 수영과 역시 초급만 수년째 전전하다 멈춰버린 일본어는 같은 수준만 맴돌고 나아가지 못했다. 그래도 잠깐이라도 몸으로 익힌 건 절대 잊지 않는다. 수영을 오래전에 배우고 그만뒀지만, 폼이 안 나오는 자유형일지라도 물에 들어가면 허우적거리며 수영을 한다. 영어 훈련을 한동안 쉬어도 외국에 나가면 저절로 영어 문장을 만든다. 어떻게든 필요하므로. 한때는 끈기가 없다고 자책하고, 흥미가 부족해서 못하는 거라고 스스로에게 핑계를 댔지만 이제는 안다. 그저 기준의 문제, 즉 나와 약속한 게 없어서였다.

나는 어떤 운동에 익숙해지면 정체기가 와서 흥미가 떨어졌다. 계속 강도를 올려가며 새로운 매력을 발견해나가는 타입은 아니다. 마찬가지로 건강한 식사는 좋지만, 맛에 지루함을 느끼고 있었다. 호기심이 많은 성향 탓인지 유독 반복을 싫어해 머리가 늘 새로운 자극을 원한다. 아니면 그저 주의 산만인 건가. 알 수 없지만 그래도 운동만큼은 몇 가지 기준을 가지고 임하기로 한다.

먼저, 어떤 운동이든 시작하면 최소 1년은 해보자는 기준을 세웠다. 사계절을 겪으면 온도와 습도에 따라 내 몸의 상태가 모두 다르므로 1년의 사이클을 겪어야 비로소 운동과 나의 궁합을 알게 된다. 또 처음에는 힘들고 재미없다고 생각될지도 모르지만, 역시 '나랑 안 맞네, 그냥 안 할래' 하는 태도가 쌓이다 보면 회피 성향만 강화되고 자신감도 떨어진다. 내가 스스로 괴로워하는 태도인데, 무조건 1년이라는 기한을 가지고 임하다 보니 버티는 힘이 생겼다. 하다 보면 조금씩 재미를 발견하게 되고 어디에서 좌절하는지도 보인다. 모든 운동은 서로 연결되어 있어서 어떤 걸 해도 알게 모르게 서로 도움을 준다. 나는 확실히 여름에 힘이 나는 사람이라서 더울 때 운동을 신나게 했고, 기온이 떨어질수록 하고 싶지 않았다. 추우면 몸이 굳었다.

두 번째로, 같은 선생님에게만 배우면 몸에 비슷한 자극만 줄 확률이 높아 지루해지는데, 이때는 환경을 바꾸면 된다. 꼭 체육관을 바꿀 필요 없이 요즘은 원데이 클래스도 자주 열리니까 기분 전환 삼아 새로운 곳에 가보는 거다. 어떤 운동이 재미있어지면 자연스럽게 '더' 하고 싶은 일들이 생긴다. 나는 요가를 할 때 '엔터테인먼트'를 즐겼다. 여행 레퍼토리를 늘리는 기분으로 숲에서 요가하기나 발리 우붓으로 요가 여행 떠나기에 도전했고 그런 테마가 생긴 게 좋다. 그래서 체육으로서 요가를 잘하고 못하고를 떠나, 사는 즐거움을 위한 매개체를 만들려고 충분히 노력했다. 그건 소소하게 동네의 숲 공원이나 낮은 산을 오르는 하이킹도 마찬가지다. 자연을 즐기는 자체만으로 좋다. 보디프로필 찍기를 목표로 웨이트트레이닝을 하는 일반인들도 많고, 러너들은 각종 마라톤 대회에 나가며, 우리나라 100대 명산을 정복하는 재미로 등산하는 사람도 많다. 마니아가 되면 그 세계를 확실히 알게 되기에 삶이 더 풍성해지는 건 분명하다.

세 번째로 무엇보다 내가 관심을 가지는 쪽은 단계별 성장이다. 그동안 운동은 아무거나 골라 하면 된다고 생각했지만, 공부를 약간 해보니 운동에도 단계가 있었다. 유연성은 모든 운동의 기본이다. 뻣뻣한 몸은 가동 범위가 나오지 않으므로 운동 자체를 할 수 없다. 몸을 부드럽게 움직이도록 만든 다음에 근력을 키운다. 마지막이 달리기와 등산처럼 심폐지구력을 키우는 유산소운동이다. 언뜻 쉬워 보여도 이런 종류의 운동은 스포츠에 가깝다. 아무래도 무릎, 발목과 같은 관절과 발바닥 부상을 쉽게 입을 수 있어서 이를 꽉 잡아주는 근육이 없으면 오히려 몸에 해를 끼친다.

또한 숨이 차는 경보라면 모를까 느긋하게 걷기는 운동이 아니라는 의견이 지배적이다. 일상에서 유산소운동의 효과를 보고 싶다면 계단 오르기가 가장 좋다. 운동 효과는 오히려 계단이 달리기보다 좋다는 연구 결과도 있다. 자신의 몸 상태를 잘 알아야 맞는 운동을 한다. 이를 모르고 무작정 했던 달리기는 지난해 나에게 여러 부상을 입혔다. 먼저 체중을 줄여 무릎의 과부하를 막고, 근력을 키운 다음 달리기에 다시

도전하는 게 나의 다음 목표다. 달리기는 아직 최소 1년을 채우지 못했으니까.

이렇게 청사진을 펼쳐놓고 보니 은근 운동 마니아 같은걸! 그러나 내가 가장 피하고 싶은 면모는 언제나 집착이다. 사실 사람들이 건강만 생각한다면 목숨까지 걸며 에베레스트산을 등반하지도 않을 테고, 길고 긴 마라톤코스를 완주하지도 않을 것이다. 이들을 위한 전문 의류, 각종 체육관, 유료 대회 등은 또 얼마나 많은지. 얼핏 소수만 즐기는 세계처럼 보이는데도 그 수요가 많아서 유명 피아니스트의 리사이틀 티켓팅처럼 인기 마라톤 대회 역시 1분 만에 접수가 매진되기도 한다. 일반인이 대회에 나가 승부를 겨룬다 해도 어릴 때부터 훈련받은 엘리트 선수와 비교할 수 없고, 트레이너 등으로 전향해 제2의 커리어를 만들기도 쉽지 않다. 그럼에도 수많은 사람이 자기만족을 위해 또 기량 향상을 위해 훈련한다. 이게 바로 운동하기 싫어하는 사람은 절대 모르는 그들이 사는 세계다.

일반인에 불과한데도 운동에 열광하는 사람들이 생겨난 이유는 놀랍게도 운동이 인간에게 행복감을 안겨주기 때문이다. 실제로 달리기를 하고 나면 행복 호르몬인 세로토닌을 비롯해 마약성 물질보다 강력하다는 엔도르핀이 나와서 몸이 일종의 쾌락을 느낀다고 한다. 나도 트레드밀에서 인터벌 러닝을 하며 일주일 내내 쉬지 않고 뛰었던 적이 있다. 그때 처음으로 운동을 하고 나면 기분이 상쾌하고 즐겁다는 마음이 들었다. 너무나도 행복해서 세상이 밝아 보였고 한동안 흐렸던 마음이 맑게 개었다. 이후 실내 달리기는 그만두고, 요즘은 숲 공원의 흙길에서 걷다가 뛰다가 하는데, 변화가 많은 자연 지형이라 그런지 행복감이 배가 된다.

건강한 노후라는 목적만으로 운동 생활을 꾸준히 이어가는 데 한계를 느낀다. 사실 노후는 내 생각보다 머나먼 미래이고, 권태도 쉽게 느끼는 나로서는 하나의 운동에 푹 빠져 성장하기가 어렵다. 하지만 운동은 이제 확실한 내 삶의 일부이자 의무로 자리 잡았다. 어떤 운동을 하든 몸을 움직이는 그 자체에 흥미를 잃지 않고 계속해나간다. 노후 대비나 근테크(젊을 때부터 근육 키우기에 투자하는 것)보다는 더 현실적인 마음가짐 같다.

○
간결한 생활은 계속된다

결심에는 새로운 물건이 따르기도 하지만, 어떤 결심은 물건을 없애기도 한다. 나는 또 한바탕 집 안 정리를 했다. '당근'에 안 쓰는 물건을 팔아치웠는데, 발뮤다의 '더 토스터'는 밀가루 단식의 결심으로 사라진 희생양이고 아이맥을 쓰다 보니 더는 켜볼 일이 없는 맥북도 팔았다. 돌이켜보면 이미 쓰지 않은 지 여러 해였으나 맥북과 함께 많은 책을 썼고, 또 프리랜서로 일하도록 도왔던 동지였기에 처분하기까지 오래 주저했다. 결국 이렇게 추억으로 남고 마는구나 싶다. 인기 있는 브랜드는 당근에 올리자마자 게

눈 감추듯 팔렸다. 체감상 1분도 안 걸린 것 같다.

 신발장을 활짝 열어 쿠션감이 떨어진 오래된 운동화를 꺼내 쓰레기봉투에 넣고, 서랍에서 너무 낡아버린 속옷이나 양말도 꺼내 미련 없이 버렸다. 주방 찬장을 열자 소비기한을 넘긴 양념류가 있었고, 선반의 약상자에는 유효기간이 지난 약들이 많았다. 언제나처럼 박스도 뜯지 않은 채라 더는 비상약을 사두지 말아야겠다고 결심했다. 새벽에 일어나 약을 찾을 만큼 아픈 적이 단 한 번도 없었고, 소화제도 필요 없었다. 그만큼 나는 건강했고, 집 앞에 편의점도 약국도 많았다. '혹시 몰라' 하는 괜한 걱정이 오히려 낭비를 부추겼다. 집에 있던 비상용 소화기마저 사용기한이 지나 있었다. 잠시라도 집 관리에 소홀하면 군더더기가 쌓이는구나. 마치 내 체중처럼.

 한 사람의 라이프스타일은 가치관이 결정한다. 의식주 그리고 어떤 일들을 하며 살아갈지는 내가 가장 중요하게 여기는 가치에 달려 있다. 사람들이 마찰을 빚는 이유가 서로의 가치관을 포용하기보다 자기가 좋아하는 걸 남에게 은연중에 강요할 때나 혹은 상대가 중요하다 믿는 가치를 부정할 때 생기지 않는가. 상대는 받아들일 마음이 전혀 없는데도 말이다. 기준이 확실한 사람은 어떤 말을 들어도 고민이 생기거나 화를 내는 법이 없다. 단순한 삶은 여전히 나를 이끄는 가장 앞선 가치다. 특히 생활에 있어서만큼은 더욱더. 나이 들수록 모든 면에서 가볍고 간소한 생활이 어울린다. '적게'라는 양의 문제가 아니라 필요 없는 부분을 없앤다는 쪽의 홀가분함이다. 간결한 생활만큼은 유행(코로나 시대에 맥시멀리즘이 새로운 인테리어 트렌드이기도 했다)과 상관없이 언제나 이어진다. 다만 굳건한 결심에도 흔들리는 순간이 있기에 긴장의 끈을 놓을 순 없다.

요즘 들어 심플한 삶이 한 단계 더 진화한 기분이다. 식사와 운동을 꾸준히 신경 쓰자 외모 관리가 쉬워졌달까, 조금 더 무심해졌달까. 나는 건강한 머릿결 유지를 위해 10년 넘게 펌이나 염색과 같은 시술을 받지 않고 있다. 그렇다고 흰머리가 안 나는 중년이 된 건 아니지만, 미용실에 갈 때마다 건강한 머릿결이란 찬사를 듣고 있으니 헛된 노력을 한 건 아니다. 두피 관리를 집중적으로 하며 비슷한 길이를 유지하는 커트 정도가 미용실에 다니는 유일한 목적인데 그때마다 헤어 디자이너 선생님은 "두피와 얼굴은 연결되어 있어서 두피의 모공이 막히면 피부가 무거워지고 얼굴의 탄력이 떨어져요.

그러니까 두피 관리를 주기적으로 받는 게 중요하죠"라며 나에게 지속적인 결제를 유도하였…다. 처음에는 맞아, 맞아, 하며 무비판적으로 수용했지만 더 깊이 생각하니 우리 몸은 모두 영향을 주고받는 게 당연해 보였다. 얼굴 따로, 두피 따로 생각할 수 없듯이 전체가 이어져 있다. 혈관이 건강해야 혈액순환이 잘되어 세포가 건강할 테고 이 건강함은 피부와 모발에 고스란히 반영된다. 두피만 관리한다고 얼굴에 저속 노화의 기적이 일어나지는 않으니, 몸 전체가 유기적으로 좋아지도록 신경 써야 한다. 보디마사지를 받고 미용실에 가서 두피 관리를 받으면 확실히 편안한 기분이 들지만 일시적일 뿐이다. 궁극적으로는 무엇을 먹고 어떻게 얼마나 움직이느냐에 따라 몸 상태는 다른 이야기를 할 것이다.

오늘 아침에도 눈에 거슬리는 흰머리를 골라서 몇 가닥 잘라내며 노화는 막을 수 없다고 마음으로 받아들였다. 앞으로 찾아올 여러 가지 몸의 변화가 무섭긴 한데, 그저 의연하게 받아들여야 스트레스가 덜하다. 몸 상태는 한결같지 않고 그만큼 마음가짐도 흔들리기에, 유행하는 주사 치료나 시술, 피부 레이저 같은 유료 관리에 기대고자 하는 초조함이 생길 수 있지만 '이 정도면 나에게 만족해'라고 주기적으로 되새겨야 '결국 헛돈 쓰고, 다시 돌아왔네' 하는 후회를 면한다. 어디까지나 피부과 관리 프로그램을 살펴보던 나의 아주 오래된 기억으로 지금도 그때와 비슷한 고민이 들 때가 있다. 나도 참 어떤 부분은 변하지 않는구나 싶은데, 문득 이런 마음이 스민 건 미국 드라마 〈모던 패밀리〉에 출연한 배우 소피아 베르가라의 인터뷰 기사를 읽고 나서다. 뷰티 매거진 《얼루어》와 진행한 인터뷰에서 그녀는 성형수술을 지지한다고 밝혔다. 50대인 그녀는 젊고 아름다워 보이기 위해 다양한 현대 의학 기술의 힘을 빌리기를 주저하지 않는다는 발언에 이어 미모를 위해서라면 무엇이든 다 할 용의가 있다고도 말했다. 눈 밑에 시멘트를 발라서 더 젊어진다면 당장 할 거라고(그만큼 나이 듦에 대항할 각오가 되어 있다는 의미)도 얘기했다. 세월을 자연스럽게 받아들이지 못하겠다는 솔직한 발언이라서 신선했다. 마음 한구석엔 나도 같은 심정이다. 그러나 그녀처럼 든든한 재력이 있지 않은, 작은 돈을 아껴 써야 하는 일반인에게 모든 건 일시적일 뿐 계속 유지할 형편이 되지 않으니 그런 발언에는 관심을 끌 수밖에. 애초에 완벽함이란 도달할 수 없는 경지라서 나는 그나마 장벽이 가장 낮은 자기 관리인 식사와 운동에만 신경 쓴다.

단순하고 자극 없는 일상은 부단한 노력이 뒤따른다. 그리고 시작은 있어도 끝이 없다. 내가 착각했던 한 가지가 바로 '끝'이 있다는 바람이었다. 물론 중간중간 위기가 닥치기도 하고 이 길이 아닌가 의심하고 고민할 때도 있다. 그때는 옳았던 결정이 추후에는 잘못된 결정이 되기도 하고 다시 아니기도 한 갈팡질팡하는 날이 이어진다. 그러다 어느새 익숙해져서 더는 마음에 아무런 풍랑도 일지 않을 때, 그때야말로 '추구미'가 아닌 나의 진짜 라이프스타일로 자리 잡는다.

후기

실컷 맛본 낭만보다
건강을 택한 초보 중년

대학 시절 학생회 활동을 함께 했던 친구들과 오랜만에 뭉쳤습니다. 저녁 식사 메뉴에는 당연히 일부 밀가루가 섞인 음식이 있었고, 사용한 기름도 제가 평소 먹는 타입은 아니었지만 군소리하지 않고 샐러드를 중심으로 식사를 했습니다. 밀가루를 피해가기 어려운 외식은 가볍게 먹으려 합니다. 확실한 목표가 있으니 식욕 조절이 잘 되는 요즘이랄까요. 아니면 습관이 무서운 것일지도요. 밀가루를 식단에서 뺀다는 각오는 개인적으로 해볼 만한 미션이

나 역시 사람들과 어울릴 때는 어느 정도 예외를 두어야 합니다. 상대하기도 싫을 만큼 까다로운 사람이 되고 싶지는 않으니까요.

친구들은 모두 날씬한 중년으로 20년 전과 크게 달라 보이지 않아서 좋았습니다. 저는 허약 체질이라 늘 건강한 생활에 관심이 많았기에 친구들 사이에서 제가 대화의 주도권을 가질 때면 건강에 대해 떠들었습니다. 다들 같이 늙어가는 처지라 관심이 많았습니다. 날씬한 친구들이기에 당연히 아무 건강 문제도 없을 거라 철석같이 믿으며 앞으로 나는 5킬로그램을 더 감량해야 표준체중이 되는데, 그 기준이 너무 가혹하다며 뼈만 남기라는 거냐며 '날씬한 너네는 좋겠다'라는 뉘앙스를 흘렸지요. 그런데 친구들은 무슨 소리냐고 되물으며 자신들은 이미 혈압도 있고, 당도 있다는 것입니다. "뭐라고?!" 겉모습과 다른 친구들의 건강 상태에 충격을 받았습니다. 역시 겉모습보다 체성분이 중요하다는 교훈을 얻었습니다.

○ **식사가 모든 걸 결정**

체중과 상관없이 평소 어떤 식사를 하는지가 중요하다는 게 우리들의 결론이었습니다. 마른 비만도 얼마든지 있으니까요. 디지털 디톡스에 비하면 밀가루 단식은 저에게 비교적 쉬운 도전이었습니다. 외식할 일이 별로 없었고, 여태 설탕 중독이었을 뿐 수제비처럼 밀가루 맛을 좋아하는 사람은 아니었으니까요. 저는 여전히 매 끼니 세 가지 색깔 이상의 채소를 섞어 먹고, 단백질을 100그램(순수 단백질 함량은 20그램) 정도 챙기고, 양질의 탄수화물을 균형 있게 먹고 있습니다. 이것만으로도 다이어트 스트레스 없이 적정 체중을 향해 가고 있는데, 제가 지키고 있는 식사 원칙은 아래와 같아요.

- 삼시 세끼 늘 비슷한 시간에 규칙적으로 먹습니다.
- 균형 잡힌 영양소를 고려한 집밥을 만듭니다.
- 오래 씹기. 제 경우 보통 식사 시간은 양과 종류에 따라 한 끼에 20~30분 정도 걸립니다.
- 대부분의 식사를 말끔히 먹고 있지만, 포만감이 생각보다 빨리 느껴지면 아무런 미련 없이 젓가락을 내려놓습

니다.
- 간식은 먹지 않아요. 습관적으로 먹지 않는 훈련이 잘 되어 있어서 그런지 간식에 대한 욕구는 없습니다.
- 외식은 거의 하지 않지만, 제게 메뉴 선택권이 있다면 한식 또는 샐러드를 고르고 상대방이 정할 경우에는 주어진 메뉴 내에서 최대한 설탕, 밀가루, 나쁜 기름을 최소화한 메뉴를 고릅니다.

○ **운동할 여유가 없다면**

친구들과의 모임 날 저를 포함해 미혼 친구는 필라테스와 등산처럼 요즘 유행하는 여러 운동을 하고 있었습니다. 자신을 위한 교육비 지출이 비교적 쉬운 사람들이었죠. 다만 기혼 친구는 자신을 돌볼 만한 시간적 여유도 비용 지출도 부족한 상황이었습니다. 그래서 제가 추천한 건 역시 계단 운동이었습니다. 장수 마을로 알려진 그리스 이카리아섬에 사는 노인들 역시 이동할 때 오르막길을 자주 걸어 올라갑니다. 도시에 사는 우리도 그냥 산책하듯 느리게 걷기보다 숨이 찰 만큼 계단을 오르는 편이 운동 측면에서는 훨씬 좋습니다. 도시인이 등산을 하려면 시간을 내야 하지만 계단은 건물 어디에든 있으니까요. 중요한 건 습관 만들기겠죠. 하체가 튼튼하면 온몸이 든든해집니다.

chapter 3

마음챙김 글쓰기
낙관주의 연습 30일

○ 느리고 명랑하게, 매일 하는 심신단련 ○

기분의 색깔

 아침에 일어나면 10분 명상으로 하루를 연다. 눈을 감고 호흡에 집중하다 발끝, 복부, 손끝, 미간 등 몸 곳곳의 감각을 느껴본다. 머릿속으로 다른 생각이 수시로 스치곤 하지만 이를 알아차리고 다시 의식적으로 호흡하는 나날이다. 명상을 하면 몸 어디가 가장 긴장하고 있는지 안다. 미간에 자주 힘이 들어가는 나로서는 역시 '쓸데없는 생각이 많군'이라고 자신을 잠시 탓하며 손가락으로 찌푸린 미간을 펴낼 때도 있다. 한번은 자세를 확인해보려 명상하는 모습을 영상으로 남겼는데, 고개가 살짝 들리고, 입꼬리가 축 처진 채 가슴께로 주로 호흡하는 걸 발견했다. 나름대로 복식호흡을 한다고 생각했으나 그 변화는 잘 보이지 않았다. 명상을 하고 있지만 현재 상태에 집중을 잘하게 된다거나 긴장이 완전히 사라지거나 머릿속에 떠도는 생각이 말끔히 사라지는 순간은 없었다. 다만 마음이 수시로 방황해도 조급하지 않다. 거듭되는 명상 덕분인지 욕심을 많이 내려놔서인지 대체로 고요한 나날이다.

앉아서 하는 본격적인 명상은 건너뛰더라도 일어나자마자 창문을 열어 아침의 첫 에너지를 흡수하고 하늘을 멍하니 보는 건 빠뜨리지 않는다. 이때는 의자에 앉아 두 손에 쥔 따뜻한 머그컵의 온기를 느끼고 적당한 온도의 물을 한 모금씩 마시면서 피부에 닿는 차가움과 대조적인 따뜻함이 온몸으로 퍼지는 걸 느낀다. 그 순간에 그저 머문다. 비가 오든 눈이 오든 날씨에 상관없이 창을 열고 세상을 바라보면 오늘 하루를 살아갈 기운을 얻는다.

창밖의 날씨처럼 마음도 변화무쌍하게 변한다. 어제는 좋은 아이디어라고 확신했던 구상이 오늘은 의심이 가고, 앞으로 뭘 해야 재미있을지 새로움을 궁리하면서도 오늘 할 일을 성실히 마치면 만족하기도 한다. 그러다 더 멀리 인생 전체를 관조할 때도 있지만, 내 마음은 나도 모른다. 모를 때는… 살아가며 의문이 생길 땐 기록에 의지하는 수밖에 없다. 삶이 내게 질문을 던질 때는 글을 쓰면서 답을 구하는 쪽이 언제나 익숙하므로.

잠시 시간을 내어 지금 이 순간 어떤 것을 느끼는지 기록해보세요.

휴대폰에 방해받지 않는 삶을 지향하는 내가 긴급재난문자 외에 유일하게 실시간 알림을 허용한 앱이 건강 앱이다. 하루 세 번 알림을 보내 내 마음을 묻는다. 디지털 시대에 살면서 가장 간편하고 어쩌면 정확하게 내 심리 변화를 확인하는 방법이기도 하다. 기분을 나아지게 하고, 감정을 관리하기 위해 앱의 물음에 답한다. 감정과 기분의 차이라면 감정은 바로 이 순간의 반응으로 어떤 경험을 했을 때 짧게 느끼는 것이다. 반면 기분은 한동안 지속된다. 단편적인 감정을 관리해야 궁극적으로 기분이 개선되므로, 현재의 경험을 마음이 어떻게 해석하느냐가 중요하다. 삶이 던지는 질문에는 아직 답을 하지 못하고, 평생 답을 찾아야 할지도 모르지만 마음 상태를 묻는 앱의 단순한 질문에는 비교적 답하기 쉽다. 기분 좋음-보통-불쾌함 중 하나를 선택하고 이에 영향을 미친 요인으로 가족, 건강, 교육, 날씨, 돈, 자기 돌봄이나 종교와 같은 세부적인 항목을 입력한다. 물론 건너뛸 수도 있고 객관식을 고를 수 없으면 내가 직접 주관식으로 입력하기도 한다. 그렇게 순간의 감정이 점도표처럼 찍혀 나를 지배하는 기분의 색깔이 보인다. 디지털 시대에 딱 맞는 짧고도 명료한 마음챙김 같다. 반박할 수 없는 증거로 남은 과거의 내가 느껴온 감정의 흔적. 그러나 어딘가 석연치 않은 구석은 있다.

몸 컨디션의 좋고 나쁨은 확실하다. 감기에 걸렸거나 어딘가 다쳤다면 약을 먹거나 연고를 바르면 나아지니 납득이 간다. 반대로 마음은 소위 말하는 '마음먹기 나름'이라는 정신력의 문제인데, 마치 무한할 듯한 착각에 빠진다. 이 정신력도 체력처럼 사람마다 다를 텐데 이걸 어떻게 측정하고 관리할 수 있지? 기분이 평탄하거나 좋은 날엔 무리 없이 앱 알림에 답한다. 약간 나쁜 날도 입력할 의지는 남아 있다. 정신력이 완전히 고갈된 날에는 앱 따위에 신경 쓸 여력이 있을리가. 삶이 완전히 무너지는 듯한 절망감을 맛본 날에도 앱의 물음에 충실히 답하는 사람은 없지 않을까. 손에 쥔 핸드폰을 던져버리지나 않으면 다행이다. 사람은 그렇게 강하지 않다. 그렇지 않다면 기계에 입력한 정보는 편향되고, 내 감정은 의도처럼 관리되지 않는다.

여태 나는 '멘털만큼은 강해'라고 자신을 속이며 살아왔지만, 알고 지내는 사람 중 유독 꺼려지거나 거리를 두고 싶었던 유형은 대개 정서적으로 많이 불안한 사람이었고, 그걸 깨닫자 거기에 나의 그림자가 있음을 알았다. '그림자(Shadow)'란 카를 융의 분석심리학에서 나오는 개념으로 내 무의식에 자리 잡은 어두운 측면을 뜻하며 평소 의식하지 않지만 누구나 가지고 있는 열등한 면을 말한다. 내가 피하고 싶은 나의 모습은 나약한 정신이었다. 몸의 건강은 내 마음대로 되지 않아도 정신만큼은 직접 통제할 수 있다고 믿어야만 살아남을 수 있었기에 나에게 가혹한 잣대를 들이댔던 걸까. 정신이 무너지는 순간이 오면 나 자신에게 크게 실망했다. 스스로 모순적인 성격이라고 여기는 이유는 타고난 나와 만들어진 내가 내면에서 충돌을 일으켜서다. 지금의 자제력 강한 생활은 과거의 무절제를 거듭 반성하며 굳어졌고, 돈 낭비를 일삼던 충동적인 성향을 관리하려다 계획에 집착하는 성격이 되었다. 성취욕이 강했으나 이로 인해 고통받았기에 능력 범위를 넘어서는 야망은 품지 않아 다소 심심한 삶을 산다. 이 같은 양극단에서 갈등이 자란다.

건강 앱이 묻는 인스턴트 마음챙김은 어디까지나 보조 수단일 뿐이다. 사람은 감정의 동물이고, 괜찮지 않으면서도 괜찮다고 자신을 속이는 면이 있기에 규칙적으로 명상을 하고, 글을 쓰며 나의 마음을 들여다보는 시간이 꼭 필요하다. 명상은 아침에, 10분이라는 약속을 정해두었지만, 글쓰기는 크게 몸(현실), 이상향(꿈), 사람(유대)이란 틀 안에서 각기 나 자신과 대화가 필요하다고 느낀 순간에만 쓴다. 주제별로 글을 쓰면 나의 생각이 변화하는 게 명료하게 보인다. 글의 흐름에 여러 사건이 섞이지 않아 군더더기가 없으며, 고민이나 성찰에 일관성이 보여 나의 사고와 마음 패턴이 읽힌다. 게다가 성실할 필요가 없어 매일 적어야 한다는 괜한 부담을 갖지 않아도 된다.

여태 써온 주제별 기록을 살펴보면 내가 얼마나 비관적인지 잘 보인다. 어둡고 불안할 때만 글을 썼기 때문이다. 좋은 날에는 그 감정에 도취되어 나와 대화할 필요를 느끼지 못했다. 행복감을 엑스트라처럼 잠시 글 속에 표현할 때도 있지만 언제나 물을 뿌린다. 너무 좋아하지 말라고, 이 일이 어떻게 화가 될지도 모른다고. 이런 칙칙한 마음이 새겨져 있다. 마음챙김의 한 방법으로 감사 일기를 쓰라는 조언이 많지만, 매일 감사를 하라니…. 내겐 아직 어색하다. 물이 3분의 2만큼 찬 유리컵을 보며 가득 찬 2로 만족할지, 부족한 1에 주목할지는 같은 문제를 어떤 시각으로 받아들이냐의 차이일 뿐인데도 말이다.

○
단순한 기쁨

디지털 디톡스, 식습관 교정, 운동 포트폴리오 계획과 실천…. 앞선 모든 시도는 명확했다. 목표는 분명했고, 지켜야 할 규칙은 뚜렷했다. 눈에 보이는 성과와 데이터라는 근거가 있어 나와 약속한 기간이 끝난 후에도 더 나아 보이는 방향으로 바꿔나가기도 쉬웠다. 그러나 내 마음을 들여다보는 일만큼은 어려웠다. 인터넷에서 쉽게 해보는 성격 테스트에 나를 끼워 맞추기보다 전문적인 기질 검사를 받거나 심리상담을 받는 방법도 있겠지만, 애초에 내가 전문적인 도움이 필요할 정도로 마음이 힘든가 질문해보면 아직까지도 잘 모르겠다.

앞으로 어디에 시간을 써야 삶이 즐거워질지, 삶의 의미는 무엇인지 고민하는 요즘이라 주변 사람의 의견을 들어보거나 여러 책을 찾아 읽는다. 적극적으로 답을 구하면서도 오늘 할 일을 미루지 않는다. 나의 생각은 대체로 건강하고 생산적인 방향으로 흐른다. 기분이 극도로 좋았다가 평정심을 이어가다가 침체되고 어두워지는 감정의 흐름은 보통 여성 호르몬의 강도에 따라 매월 달라지는데, 심할 때는 무기력하고 평소보다 불안감이 강해질 때도 있다. 하지만 호르몬 탓이라는 이름표를 붙이기 때문에 크게 흔들리지 않는다. 감정 기복 역시 크지 않은 셈이다.

"불안이, 인기 많잖아요!"

픽사 애니메이션 〈인사이드아웃 2〉를 홍보하는 팝업스토어에 갔다가 애니메이션 PD로 일해온 후배로부터 '불안이'를 소개받았다. 붉게 용솟음치는 헤어스타일을 한 캐릭터의 겉모습을 보고 '귀엽지는 않은데?'라고 속으로 생각했으나 영화만큼은 보고 싶어졌다. 불안은 나의 오랜 동반자와 같은 감정이고, 천재적인 스토리텔링을 하는 픽사에서 불안을 어떻게 다룰지 너무도 궁금했다. 얼마 후 습한 장마 기간임에도 오전 업무를 마치고 인터넷으로 영화 티켓을 예매한 다음 나갈 채비를 했는데 흠, 나의 일처리 순서만 봐도 불안이 보였다. 업무(숙제)를 마치지 않으면 마음에 걸려서 재미있게 놀 수 없으니 업무 먼저, 평일 오후라서 표가 없진 않겠지만 현장 대기 시간이 길어지는 건 시간 낭비라 사전 예매, 그다음 영화관에서 쾌적하게 지내기 위한 준비물을 챙기기까지. 버스를 타고 가니 몸에 묻을 게 뻔한 장맛비를 닦을 손수건, 긴팔 셔츠와 보온병 같은 것들을 작은 가방에 담는다. 모두 불안이 만들어낸 일처리 순서이자 계획적인 성향이다. 이러니 삶을 가꾸는 데 가장 필요한 감정인 불안을 사랑하지 않을 수 있나?

한여름의 영화관 내부는 예상대로 쾌적하면서도 약간 쌀쌀했다. 가방에서 담요를 대신할 체크무늬 긴팔 셔츠를 꺼내 무릎 위에 펼쳐 덮고, 보온병에 담아 온 보이차를 작은 도자기 찻잔에 따른 다음 조금씩 음미하듯 마시며 영화 시작 전 광고와 예고편을 보았다. 서늘하지만 보송보송한 실내, 따뜻한 차, 그리고 보고 싶었던 영화까지…. 내 주변에는 사람이 아무도 없었고, 전체 관람객은 스무 명도 채 안 되었다. 인구 밀도가 낮은 영화관에서 편안함에 기대어 나를 잠시간 다른 세상으로 인도할 영화의 시작을 기다릴 때의 설렘이란. 팝콘이나 탄산음료 등을 먹지 않은 지 10년은 넘은 데다, 따뜻하고 질 좋은 차로 음료 취향이 바뀐 후론 이제껏 영화관에서는 기껏해야 물이나 마셨다. 그러나 그날만큼은 익숙한 장소에서 다른 경험을 했다.

시간 가는 줄 모르고 영화를 집중해 보다가 막판에는 코가 찡해지면서 눈물이 주룩주룩 났는데, 역시 눈치 볼 주변 사람이 없으니 소리만 내지 않았을 뿐 감정을 자제하지 않았다. 딱히 슬픈 장면이 나와서는 아니었고, 잃어버린 나의 '기쁨이'를 찾고 싶다는 내면의 자각이 나를 울게 했다. 〈인사이드 아웃 2〉는 주인공 라일리가 성장하면서 달라지는 감정 세계를 보여주는데, 본래 '기쁨이'가 리더였다가 라일리가 사춘기에 접어든 이후로 '불안이'가 키를 잡게 된다. 불안의 감정이 우세해지며 미래를 계획하고 대비하는 성격이 강해진 라일리는 불안 때문에 여러 경우의 수를 생각하고 미래를 걱정하느라 잠을 설치기도 한다. 불안이 우세할수록 즐거움을 느끼는 빈도가 줄어들고 기쁨은 컨트롤센터에서 추방당하며 불안이 라일리의 감정을 지배한다. 내 모습이잖아? 아니 꼭 나뿐만이 아니라 대부분의 어른들이 느끼는 감정이겠지. 지금 나를 움직이는 감정이 뭔지 떠올려보았다. 확실히 은둔자가 된 후로 스트레스가 줄었기에 편안함이 커졌지만 그렇다고 미래가 전혀 불안하지 않은 건 아니었다. 영화의 결말을 보며 소리 없이 울던 나는 마지막 장면쯤에서 기쁨이가 불안이를 의자에 앉히고 따뜻한 허브차를 건네는 모습에서 아마 내 불안이도 지금 그렇게 쉬고 있을 거라고 상상했다.

영화관을 나오면서 내 삶에 기쁨이를 더 많이 불러와야겠다고 생각했다. 그러니까 단순한 기쁨을 많이 느낄 수 있는 일들을 해보는 건 어떨까. 불안이 나쁘다고 생각하지 않지만, 확실히 나에겐 기쁨이 결핍되어 있다. '다 해본 일이라서 설레지 않아'가 중년 감정의 기본값일지도 모른다. 그렇지만 영화관에서 평소와 달리 차를 마시거나 참지 않고 마구 울며 시간을 보내니 훨씬 즐거웠다. 단순한 기쁨이다. 성취에 얽매여 성장, 또 성장을 외쳐봤자 거기까지 도달하기에는 시간이 너무 오래 걸리고 운도 따라줘야 하는데 갈망은 이와 상관없이 홀로 커지기만 할 때가 많았다. 빠른 결과를 보고자 하는 사람은 과도한 노력을 하고, 그 끝은 체력과 정신력의 동반 고갈로 번아웃이 올 뿐이다. 기쁨을 자주 느끼고 또 쌓아간다면 삶에 주어지는 여러 과업을 놀이라 여기게 될 테고 결과에 연연하지 않고 조금은 더 가벼운 마음으로 살아갈 거라는 생각이 스친다. 어디까지나 나처럼 (종종) 성취 지향적인 사람에게 맞는 처방이다. 해야 할 일을 미루고 노는 걸 너무 좋아하는 사람이라면 정반대로 자고 있는 불안이를 깨워야 할 테고. 한쪽으로 치우치지 않는 감정만큼 어려운 균형 잡기는 없지만 최근 들어 이렇다 할 삶의 즐거움이 없었던 나에게는 확실히 기쁨이 필요하다.

앞으로 30일 동안 아침에 일어나 하고 싶은 일이 생기면 그게 무엇이든 해보기로 했다. 몸보다 머리가 바빴던 목표와 계획은 미뤄둔 채 다시 놀고 싶다는 마음이 컸다. 컴퓨터 화면 앞에 앉아 일하거나 책에 빠져 있는 평소 방식대로 살아가기보다 진짜 세상 속에서 놀기, 자주 해봤던 것 말고 안 해본 거 하기. 혹은 조금은 비틀어서 다른 방식으로 놀아봐도 좋겠지. 결과부터 말하자면 처음의 들뜸이 가시고, 날이 갈수록 각오는 수그러들었다. 오전에 일하고 나서 운동 스케줄을 소화하면서 외출로까지 시간을 쓴다는 것 자체가 피로한 일이었다. 게다가 책 읽을 시간이 부족해서 자주 나가고 싶지도 않았고. 그러나 놀이라는 개념 자체는 마음에 들었다. 바깥에서 놀든 집에서 놀든 매일의 감정은 다르며, 책보다 현실에서 피부에 바로 와닿는 자극이 더 강렬했을 뿐이다. 다만 감정의 메신저가 무엇이든 날것 그대로를 느끼되 결국 기쁨에 가닿기 위해 상황을 긍정적으로 해석하는 고차원적인 훈련을 한다. 여태 불안과 함께 살아온 사람이 해보는 낙관주의 연습이다.

서울 구경

 인간은 본능적으로 높은 곳을 향하는 것일까. 안 해본 일을 하며 단순한 즐거움을 느껴봐야지, 하는 마음이 스쳤을 때 가장 먼저 떠오른 곳이 마천루였다. 정확히는 63빌딩(지금의 63스퀘어)이 떠올랐다. 어릴 적 서울로 여행을 와서도 가본 적이 없었고, 또 서울에 오래 거주하면서도 방문할 기회가 전혀 없었다. 기억을 더듬어보면 직장생활을 하며 단 한 번이라도 관광객의 마음으로 서울에 놀러 다녔던 적이 없었다. 촘촘한 운동 스케줄을 어기고 싶지 않아서 장기간 집을 떠나지 않기로 한 나는 단순한 기쁨을 위해 서울 투어를 떠올렸다.

옛날 옛적 서울의 상징 같았던 63빌딩은 퐁피두센터 개관을 앞두고 리뉴얼에 들어갔다고 한다. 한마디로 마음이 동했을 때조차 가볼 기회가 주어지지 않았다. 사람이든 사물이든 다 때가 있고, 이번에도 63빌딩은 나와 인연이 없었다. 그래서 새로운 랜드마크인 롯데월드타워에 있는 서울스카이에 가보기로 했다. 복고풍의 63빌딩이 안 된다면 모던한 전망대 서울스카이에 가는 거야. 사실 그곳에 있는 콘서트홀과 쇼핑몰은 뻔질나게 드나들었으면서 전망대는 관광객의 영역이라고 은연중에 선을 긋고 있었으니 이참에 가보는 것도 좋겠지.

하지만 행동은 쉽지 않았다. 이제까지 관심 없던 곳에 가보면 어떤 감정을 느낄지 궁금했으나 역시 끌리는 장소는 딱히 아니라서 여러 가지 핑계를 대며 차일피일 미뤘다. 비가 온다, 미세먼지가 있다 등등. 그래서 약간 숙제를 해치우듯이 겨우 다녀왔다. 사실 내키지 않으면 안 하면 그만인데 왜 굳이 그런 오기를 부렸을까 반추해보니 계속 생각만 하고 안 한 일들이 내 인생에 너무 많이 쌓일까 봐 이렇게 쉬운 미션만큼은 해치우고 싶은 마음이 컸다. 덕분에 해보고 싶었는데 결국 안 했어, 라는 아쉬움은 남지 않는다.

같은 장소, 다른 기분이란 이런 걸까. 쇼핑몰 안에 이어져 있는 전망대 입구는 '여기부터는 관광지'라는 인상을 줬다. 근로자라면 쉬기 애매한 수요일 오후라서 사람이 없을 거라고 예상은 했지만, 압도적으로 외국인이 많았다. 내가 여행 온 기분이었다. 마음가짐은 동네 쏘다니기와 다름없으나, 은근히 새로운 장소라 긴장도 되었다. 좋아, 바로 이거지. 나는 익숙한 도시에서 이런 낯섦을 느끼고 싶었다.

아무래도 상업 시설이라 감동까진 아니어도 흥미로움은 있었다. 우리나라에서 현재 가장 높은 건물에 있는 서울스카이는 117층부터 레스토랑이 있는 123층까지 이어진다. 세계에서 여섯 번째로 높은 555미터 높이 건물은 지하에서 전망대 시작 층까지 엘리베이터로 1분이면 슝! 올라간다. 너무 빨리 이동해서 그런지 귀가 먹먹해지고, 약간의 두통도 생긴다. 비교하자면 내가 등산으로 오른 북한산 향로봉이 500미터가량 되는데 오르는 데 1시간가량 걸렸다. 덤으로 숨이 턱까지 차올랐고. 기술의 발달은 비슷한 높이까지 나를 1분 만에 데려다줬다.

하늘에 가닿고자 하는 인간의 바람을 여실히 보여주는

건축물을 떠올려보면 아무래도 중세 고딕 성당이 있다. 신에게 닿고 싶다는 일념으로 지어진 뾰족한 첨탑을 가진 성당 중에는 140년 넘게 짓고 있는 스페인 사그라다 파밀리아 대성당도 있는데 곧 완공된다는 소식을 들었다. 나의 지난 마천루 경험 중 유일하게 고전적인 곳은 이탈리아 피렌체의 두오모였다. 좁고 가파른 계단을 꽤나 집중해 올라 다다른 꼭대기에서 탁 트인 피렌체 시내를 한눈에 담았을 때의 감동이란. 시대 불문하고 높은 곳에서 낮은 곳을 한눈에 굽어살피며, 내려다보고자 하는 인간의 욕망은 늘 존재한다. 건축에 조예가 깊은 친구에게 내가 마천루에 가볼 거라고 이야기하니 현대 마천루의 탄생 배경이 철근과 콘크리트 그리고 엘리베이터 때문이라고 설명해줬다. 과거에 건물의 가장 높은 층은 계단으로 힘들게 올라가야 해서 다락방처럼 신분이 낮은 사람들이 기거했지만, 엘리베이터가 있는 오늘날의 고층은 펜트하우스처럼 세상을 내려다보길 원하는, 사회적으로 지위가 높은 사람들이 선호하는 공간이 되었다고도 했다. 역시 어른의 놀이는 다소 지적인 방향으로 빠질 수밖에 없는 건가. 나는 마천루가 경기침체의 전조 증상이라고 설명하는 다큐멘터리를 떠올렸다. 일명 '마천루의 저주'라고 불리는 이론이다. 초고층 건물을 세우려면 많은 자본이 투입되어야 할 테고 시중 금리가 낮아 돈이 싸게 많이 도는 시점에 공사를 착수했다가 경기과열로 인플레이션을 잡고자 돈이 비싸질 즈음에 건물이 완공되면 그때 버블이 터지면서 경기침체가 온다는 이론이다. 얄팍한 역사적 배경이나 경제적인 분석은 잠시 접어둔다. 나는 이곳에 놀러 왔을 뿐이니까.

높은 곳에 올라야 넓게 멀리 볼 수 있다고 했던가. 파노라마로 펼쳐진 전망대에서 널따란 한강을 중심으로 서울 시내의 빽빽한 아파트촌을 내려다보고 있자니 저기는 개발이 필요해 보이는군, 하며 임장 나온 부동산 개발자의 입장이 된다. 오기 전에 블로그 후기를 몇 가지 살펴봤는데, '이곳에서 바라보니 이토록 너른 서울 땅에 내 집 하나 없다!'라는 공통된 리뷰가 몇몇 보였다. 그만큼 도심의 가장 높은 곳에서 내려다본 서울은 정말 많은 아파트가 답답할 만큼 지어져 있었다. 다시 관광객의 마음으로 돌아간 나는 사람들이 사진을 찍는 곳에 가보았다. 투명 유리로 마감한 바닥이 아찔했는데, 발아래 호수가 보이고 놀이공원이 장난감처럼 조그맣게 보였다. 어질어질해하며 고소공포증으로 한 걸음도 떼지 못하는 나와 달리, 투명한 바닥을 가로질러 가 철퍼덕 앉아 사진을 찍는 관광객들의 담력에 속으로 박수만 보냈다. 그런 와중에도 심장이 요동치는 기분이란. 다시 500미터 북한산 등산을 떠올려보니 가장 높은 봉우리의 바위를 기어오르다가 다리가 후들거려서 결국 산을 넘지 못했던 기억이 났다. 공포에 휩싸이면 팔다리의 힘이 쏙 빠져나가고 사지가 떨리기 시작한다. 단단한 마감재로 이루어진 고층 건물에서조차 나는 용기를 내지 못했다.

 서울 구경에 흥미가 떨어질 무렵 하늘 아래 가장 높은 카페라는 곳에 앉아서 따뜻한 캐모마일차를 마시며 책을 읽었다. 창 너머 아차산을 바라보다가 한강도 보았다가 하며 느긋한 시간을 보냈다. 그러다 보니 '한강뷰 아파트'를 외치는 사람들의 심리를 약간은 알 듯도 싶었다. 이렇게 탁 트인 광경을 매일 본다면…. 정말 세상이 내 발아래 있는 기분이긴 하겠다. 모종의 우월감이 팍팍 느껴지는 위치에서 오만함이 자라는 기분. 시야가 확 트일 때의 상쾌함이나 답답함이 사라지는 기분을 서울의 몇몇 산의 정상에서 곧잘 느껴보았지만, 마천루에서 보는 서울은 확실히 달랐다. 주변에 경치를 가리는 산등성이가 없어 더 깔끔하고 명확하며 멀리 보였다. 자연스럽지는 않지만 편리한 문명의 모습. 누군가는 이 커다란 빌딩에서 내려다보이는 곳 어디에도 자신의 보금자리가 없다고 속상해한다. 산에서 느끼는 평화로움과는 다른 세속적 욕심이 자라는 곳이 마천루가 맞긴 하나 보다.

1분 만에 다시 지상으로 내려온 나는 백화점 식품 코너에 잠시 들러 저녁 요리에 쓸 라임즙을 사고, 지하철을 타고 집으로 돌아간다. 그러던 중에 지하철이 조금 전 내가 내려다봤던 한강에 놓인 철로를 건너자 창밖의 풍경이 새삼 생소하게 느껴진다. 출퇴근하면서 수없이 건너왔던 그 길이 오늘만큼은 다르게 다가왔다. 외국인 관광객 한 명이 지하철 창 너머의 한강 풍경을 카메라에 담는 모습이 눈에 들어오자 나는 지금껏 단 한 번도 한강 사진을 찍어본 기억이 없다는 탄식이 얕게 새어 나왔다. 쉽게 자주 볼 수 있으니 새로울 리가 없다고 여겼다. 평소에 하지 않을 법한 일을 기어코 하니 색다른 감정이 생겨난다. 찰나의 공포, 미묘한 우월감, 그리고 아무리 오래 거주하고 있다 해도 서울에서 나는 이방인이라는 자각까지도.

이상한 용기

일상의 권태는 분명 변화를 원해서일 텐데…. 이참에 사는 곳을 확 바꿔버릴까? 10년 넘게 살아온 동네는 편안하지만 설렘이라곤 하나도 없다. 우선 이사를 떠올렸으나 부동산 매물을 들여다보는 대신 국립현대미술관 과천에서 열리는 〈연결하는 집: 대안적 삶을 위한 건축〉 전시를 보러 갔다. 지금 사는 곳을 떠나야 할 분명한 이유가 딱히 없었고, 서툰 투정을 하고 있음을 머리로는 알았기에. 아니면 그저 호기심에 다른 사람들은 어떻게 살아가기로 정했는지 궁금했다.

〈미술관 옆 동물원〉이란 옛날 영화 제목이 더 친숙한 이곳은 높다란 산으로 둘러싸여 경관이 확 트이고 걷기 좋은 서울대공원이 있으며, 마침 단풍 주간이기도 해서 은행잎의 노랑과 단풍잎의 붉음으로 쓸쓸하면서도 화사한 분위기를 자아냈다. '스무 살 시절과 하나도 안 변했어.' 오래전 이곳은 나에게 단순한 미술관 이상의 의미가 있었기에 잠시 감상에 젖어 있다가, 폐관 시간이 얼마 남지 않았던지라 서둘러 전시장에 들어갔다. 주택 모형과 사진이 빼곡히 전시된 장소에서 3대가 모여 살기 위한 집이나, 또는 지하 서재에 만 권의 책을 저장하고 자신의 집을 오픈하여 사람들과 커뮤니티를 만들거나, 혹은 개와 고양이가 활발히 놀 수 있는 공간처럼 자신이 추구하는 삶의 모습을 확실히 아는 사람들이 그에 맞는 집을 만든 내러티브를 만났다. 한동안 잊고 지냈지만, 순간 내가 예전부터 삶을 살아왔던 방식 '내 자리는 내가 만든다'라는 명제가 불쑥 떠올랐다. 얼핏 내 지루함의 근원을 발견한 듯도 싶었다.

"이 집은 건축가가 아이를 돌보면서 일도 하는 그런 집을 만들기 위해…."

시간에 맞춰 간 것도 아닌데 마침 도슨트의 전시 설명이 시작되었다. 작품을 설명하는 또랑또랑한 목소리가 멀리서도 잘 들렸으나, 난데없이 어떤 회한이 움텄다. '자자, 노인도 아닌데 그런 기분은 집어넣으라고.' 스스로를 다독이며 전시에 집중하려 했지만 자꾸 나의 스무 살 후반이 떠올라 몰입할 수 없었다. 그때 나는 도슨트가 되고 싶었다. 이곳 국립현대미술관 과천에서 도슨트 교육을 받았고, 그 과정은 쉽지 않았다. 이력서를 낸 후 서류심사에 합격해 기뻐했던 순간과 주말마다 여러 번에 걸친 교육을 받고 마지막 구술시험에서 천경자 화백의 작품을 나름의 견해를 담아 달달 외워 발표해 최종 합격했던 기억들이 주마등처럼 스쳐 지나갔으나 끝내 도슨트로 활동하지는 못했다.

당시 나는 예술 분야에 발을 담그고 싶다는 이유 하나로 앞뒤 재지 않고, 계산 같은 것도 없이 '좋아하니까 그냥 해볼래' 하는 가벼운 마음으로 시도했다. 그즈음 새로 다니게 된 회사에서 밤낮없이 일하느라 시간이 없었다는 온갖 핑계를 댈 수도 있겠지만 오래전의 나는 그냥 쉽게 시작하고 관심이 식으면 그만두는 사람이었다. 살면서 인연이 닿은 장소에 다시 가면 끊임없이 인생의 한 시기가 떠오르기 마련이고, 여기 미술관에서도 과거에 분명 존재했던 나를 만났다.

전시장을 나오면서 도슨트가 되지 못해 미련이 남았느냐

고 스스로 질문을 던져보았지만…. 솔직히 한 톨의 아쉬움도 없다. 추운 겨울에 떨면서 버스와 지하철을 갈아타며 교통이 불편한 이곳까지 기어코 와서 교육을 받았던, 같은 분야에 매료된 이들과 뮤지컬을 보러 갔던 어렴풋한 기억들로 뭉클해졌지만, 몰두하는 일이 있기에 추위도 몰랐던 시절이 아름답게 남아 있는 게 전부다. 지금은 그때와 전혀 다른 재미를 찾고 있다는 걸 과거의 내가 알면 어떤 표정을 지을지 자못 궁금해진다. 보통 미련이 남으면 마음이 먹먹한데, 이날만큼은 집에 돌아오는 길에 마음에 거슬리는 게 없었다. 오히려 오래 걷느라 배가 고파 얼른 집에 가서 따뜻한 저녁을 지어 먹자, 하며 종종걸음을 쳤다. 그 이면에 그동안 꽤 즐겁게 살아왔다는 내적 뿌듯함이 있었을지도.

겁이 많으면서도 하고 싶은 마음이 생기면 일단 해봤던 나는 늘 이상한 데서 용기를 내곤 했다. 도슨트의 업은 처음 보는 다수의 사람들 앞에서 작품을 해설해야 하므로 내향적인 내겐 어려운 일이었다. 지금은 여러 강연 경험으로 다져져 대중 앞에서 말하는 데 큰 거부감이 없는 걸 떠올려보면 내게 열망이 있었을 때는 역량이 부족했고, 수행할 능력이 있는 지금은 열망이 없는 셈이다. '때가 맞는다'는 건 정말 어렵다. 원하는 바가 있다면 그 안에 머무르며 계속 시도하고 때를 기다리는 수밖에 없는 건가. 마치 낚싯대를 드리운 강태공처럼 말이다.

살면서 놓친 것들이 참 많은데, 이제까지 나는 미완성을 실패로 받아들이곤 했다. 뭐든 해보고 싶어 안달이었던 젊은 시절은 지났다 치더라도 지금처럼 발걸음 하나하나 계산하는 신중함은 어딘가 맥이 빠진다. '시도해서 뭔가를 이루지 않으면 어때. 삶에 정답은 하나가 아니고 새로운 것을 늘 찾아다니는 호기심만으로도 충분히 즐거운데.' 미래를 고민하며 전시를 찾았지만 뜻하지 않게 과거의 나를 재해석하는 성찰의 시간이 주어진다.

억지스럽게 어떤 커다란 변화를 주지 않아도 괜찮다. 긴 호흡으로 봐야 할 의무적인 과제는 분명 있지만, 짧은 호흡으로 삶을 즐기다 보면 점진적으로 달라지게 된다. 그날은 전시보다 미술관 단풍이 더 마음에 들어서인지 펜을 꺼내 작은 수첩에 단풍 주간에 방문할 곳들을 적었다. 세월이 흐르면 새로운 내가 새로운 것을 좋아하게 된다. 창덕궁 후원, 석파정, 남산타워까지 리스트를 적은 다음에 어느 날 문득 가고 싶다고 느끼는 날에 간다. 일부러 정한 것들은 하나도 재미없는데,

이렇게 불쑥 좋아져버린 일들은 꽤 신나는구나.

    스쳐 지나가는 엉뚱한 생각이나 희망사항을 흘려보내지 않고 붙잡아두는 방법은 역시 대충이라도 적어두는 것이다. 아무 때나 수첩을 펼쳐보면 내가 '지금' 가장 많이 신경 쓰고 또 좋아하는 무언가가 보인다. 요즘에는 어떤 사람이 되고 싶어, 어디에 내 자리가 있으면 좋겠어, 라고 한때 수십 번 욕망했던 갖가지 바람은 쉬이 보이질 않는다. 그냥 '단풍 보고 싶지 않아?' 같은 느긋함이 있다. 지루함이란 여유로움의 다른 얼굴이었던 걸까. 시간에 쫓기지 않고 커다란 불안도 없이, 내 평생 처음 만나는 이 감정을 뭐라 불러야 할지 모르겠다. 이게 안정감인가. 몹시 낯설다.

다시 쓰는 몸의 일기

　　　　　　　　　　　의지를 돈으로 사는 방법은 언제나 학원 등록이었다. 나는 어른이 되어서까지 배울 필요성이 생기면 무조건 학원에 수강 등록부터 하고 출석하는 자체만으로도 뿌듯해하곤 했다. 수없이 돈을 쓴 영어 학원부터 스페인어, 일본어와 같은 짧은 외국어 학습, 그리고 꽃꽂이나 피아노 같은 취미까지도. 학원에서 알려준 대로 따라 하는 게 전부인 반쪽짜리 학습을 마치면 개인 학습은 열심히 하지 않았다. 혹시 학원 다니는 자체가 취미였나? 애초에 진지하게 배우려는 자세가 있었는지 모르겠다. 이제야 반성한다. 요즘 내게 불만이 생겨서다.

 일대일 웨이트트레이닝 수업이 끝나갈 무렵, 선생님은 내 운동 수행 능력을 보더니 아직은 혼자 운동하기 어려운 상태라고 했다. 체육관에 운동을 배우러 간다는 각오는 어디로 가버린 건가. 따로 공부를 하지 않았기에 어떻게 홀로 운동해야 할지 명확히 아는 게 없다. 여전히 출석하는 자체로 충분하다는 학원 의존증에 빠져 있구나. 그때 느낀 실망감이 도화선이 되어 나는 한 단계 성장하게 된다. 알기 쉽게 적힌 운동 이론서를 펼치면서 이제 삶의 일부이므로 주도적으로 해나가야 한다고 마음먹었다. 사실 언제까지고 수업료를 지불할 수 있다면 머리를 비운 채 선생님이 시키는 대로 몸만 움직여도 상관없는 일이지만, 나는 주머니가 가벼운 사람이라서 더더욱 운동 기술을 배워야 한다는 각오가 생겼다. 그날부터 내 몸의 변화와 자립적인 운동 생활을 독려하기 위해 새롭게 몸의 일기를 쓴다.

 늘 건강 문제로 뜻하지 않은 삶의 전환점을 맞이하고 정신적 탈진을 경험했던 나라서 여태까지 가장 오래 해온 기록은 아무래도 몸의 변화 관찰 일지다. 가장 처음 시도했던 기록은 생활 습관 바꾸기였다. 취침 시간을 지키고, 간식 안 먹기, 운동, 샤워나 명상 같은 휴식에 가까운 행위를 했는지 안 했는지 스프레드시트에 항목별로 적고 매일 확인표에 OX로 표기하는 걸 몇 년간 반복한 끝에 어느 정도 건강한 습관을 만들었다. 이후로 몸에 고민이 생길 때마다 기록과 함께 극복하는 버릇이 생겼다.

나름대로 잘 지내고 있다가(자기 관리가 느슨해진 측면은 있었지만) 또 몸이 아프고 기력이 쇠해진 바람에 작년엔 온종일 누워 지냈다. 몸이 뻐근해 옆으로 뒤척이며 허리를 풀어줌과 동시에 드라마를 보고 있던 시선과 손에 든 아이패드도 옆으로 방향이 바뀌는… 게을러도 너무 게으른 날들이었다. 이렇게 살다가는 삶이 망가질 거 같아서 '오래 누워 있는 자세의 해로움' 따위의 검색어를 역시 누운 상태로 입력하곤 했다.

누워 있는 자세는 근육을 약해지게 하고, 허리에 좋지
않으니 움직이세요.

아… 조금 더 정신이 번쩍 날 만한 독한 말을 누가 해줬으면 좋겠다. 게으른 나를 벌떡 일으켜줄 그런 촌철살인의 한마디가 필요했다. 퇴근하면 눕고 싶고, 휴일이면 아무것도 하지 않은 채 역시 그저 눕고 싶은 날이 반복되면, 피로가 쌓인 건지 곧 생리를 시작해서 그런 건지 궁금했다. 빈혈로 한동안 누워 지낸 건 머리로 받아들였는데, 몸의 질병 때문에 1년간 미리 겪은 갱년기가 끝나 여성호르몬이 정상적으로 작동하는데도 계속 기력이 없다니? 회복은 더뎠고, 노화라는 단어를 떠올리는 것만으로도 기운이 빠졌다. 단지 몇 날 며칠만 의욕이 없어서 어느 병원에 가야 할지도 난감했다. 게다가 병원에 가봤자 체감상 1분도 되지 않는 설명을 듣고, 약을 먹게 될 뿐임을 잘 알고 있기에 가고 싶지 않았다. 근본적인 문제 해결은 언제나 나를 관찰하여 스스로 답을 구하는 쪽이다.

몸과 마음은 연결되어 있어서 정신력만으로 버티지 못하는 때가 많다. 몸을 이해하지 않으면 마음조차 초고속으로 무기력해지고 이런 습관이 굳어지면 활력 있는 삶과 점점 멀어진다. '왜 아무것도 하기 싫은 날이 주기적으로 생길까'라는 의문으로 나는 스마트워치의 손목 온도와 생리주기를 참고해 여성호르몬 사이클(월경기-난포기-배란기-황체기)을 추정한 표를 만들고, 심신의 변화를 관찰해 메모했다. 그 흐름에 맞춰 그날의 생산성 정도를 신호등색으로 표기했는데, 정말 의욕 상실인 날은 붉은색으로, 보통인 날은 노란색, 활력이 있는 날은 초록색으로 하여 한눈에 내가 언제 의욕이 가장 떨어지는지 살펴보았다. 생리가 끝나고 딱 1주일간 최고의 신체 상태와 감정 상태를 경험하고 배란기를 전후해 의욕과 행복감을 조절하는 호르몬들이 감소하기 시작하면서, 이후 기분이 저조해질 수 있다. 이유 없이 외롭고, 무언가 잘못된 것 같고… 하는 온갖 축 처지는 감정이 찾아오는 때다. 보다 어렸을 때는 그런 감정을 다룰 줄 모르니 마냥 우울해하고 인스턴트의 단맛에 의존하는 경향이 컸다. 아마 설탕 중독도 이 때문에 겪었을 테고. 이런 감정 변화가 오면 그다음 황체기로 몸의 괴로움이 커진다. PMS(월경 전 증후군)라 불리는 갖가지 증상은 나이에 따라 바뀌었고, 지금 내게는 체온이 높아져 잠에서 깨는 수면 장애가 가장 큰 문제다. 이 또한 원인을 분명히 알게 된 이후로 덜 괴롭다. '내가 왜 이러지'라는 걱정보다 '며칠 후면 괜찮아져' 같은 믿음이 자리 잡았다. 나의 생체 리듬을 이해하자 무기력이 밀려오는 날에도 침대에서 벗어나 생활했고, 유독 음식을 갈구할 때에는 과일 정도를 간식으로 더 먹는 수준으로 비정상적인 식욕을 관리하는 기술도 생겼다. 이런 과거의 노력 때문일까. 아니면 지금의 건강한 식사와 규칙적인 운동, 스트레스가 거의 없는 생활 덕분인지 이제는 여성호르몬이 내 일상을 덜 흔든다. 건강한 여자들은 호르몬에 휘둘리지 않는다고 들었을 때는 내 처지가 암담해 조금 비참했는데, 지금은 어떤 몸 상태를 말하는지 어렴풋이 알 것도 같다.

세상은 불공평하다. 잘 알고 있지만, 건강한 사람에게 가지는 나의 열등감은 피해가지 못한다. 부러움도 경외심도 아닌 내가 부족하다는 현실을 끊임없이 일깨워주는 비교군이다. 심지어 이들은 자신보다 신체적 능력이 부족한 사람을 이해하지 못한다. 운동을 같이 할 때 '이게 안 된다고?' 하는 표정으로 바라본다. 그 의아함이 뭔지 모르지는 않으나 가끔은 상처받는다. 아, 그런데 나이 먹어서 좋은 점 하나는 젊을 때라면 역시 나는 안 된다고 자책하며 건강한 무리 틈에 끼지 못하고 도망쳤을 테지만, 지금은 "응, 안 되네. 어떻게 하면 가능할까?"라고 되물으며 무리하지 않는 선에서 내 건강 증진에만 힘을 쏟는다는 것이다.

아침에 요가와 근력운동을 섞어서 몸풀기 운동을 하다가 잠시 쉬어주려 요가의 아기 자세를 취했던 날. 엎드려 긴장을 푸는 자세이지만, 내 몸 어디가 문제인지 오랫동안 엉덩이와 발뒤꿈치가 닿지 않았는데, 어느 날 드디어 닿았다. 작아 보여도 내겐 너무 큰 변화라서 기분이 끝내주게 좋았다. 이 감동을 기록으로 남겨야만 했다! 새로운 버전의 몸 일기는 과학적 관찰이 아니라 말 그대로 일기다. 불만을 토로하기보다 나를 마음껏 칭찬하고 독려하고 싶어 쓴다. 보통 어떤 성과를 냈는지 재잘거리며 수다를 떨다가 요새 집착하는 신체 능력 향상 목표가 쉽지 않다며 푸념도 했다가…. 혼자 웃고 떠드는 수다문이다. 남들에게는 자랑하지 못할 나의 소소한 변화를 나만큼은 알아주고 싶다. 그동안 내가 내 몸으로 사는 것을 얼마나 싫어했는지 미처 몰랐는데 그간의 기록들을 살펴보면 죄다 이래서 힘들고, 저래서 기운 없고, 하는 부정적인 언어로 가득했다. 내 몸을 문제 덩어리로 인식했기에 더 나은 몸을 갖고자 노력한 건 맞지만 이제는 소소한 향상심이 생겼으니 다른 관점으로 바라볼 때다.

나의 현실은 늘 몸과 맞닿아 있다. 사람에게 몸은 그 자체로 마음을 담는 그릇이며, 몸이라는 물성으로 삶을 산다. 마음이 힘들 때면 무조건 누워만 있고 싶었던 것처럼 몸도 기능하지 않지만, 반대로 몸을 움직이면 기분이 나아진다. 생각과 감정은 시시각각 변해서 붙잡기 어려운데 행동을 하면 불필요한 생각도 안 나고, 불쾌한 감정도 옅어진다. 아무 이유 없이 그냥 웃어도 기분이 좋아지는 것과 같다. 몸과 마음은 연결되어 있으니까.

여태 썼던 건강관리 일지가 일종의 습관 바꾸기 훈련이었다면, 지금의 몸 일기는 신체의 변화를 마음이 어떻게 받아들이는지 동기부여하는 측면이 더 강하다. 힘은 많이 드는데 당장 결과가 나오지 않아서 운동은 습관 들이기가 참 힘들었다. 더는 (아기 자세 할 때) 엉덩이가 뜨지 않아, 와 같이 나만 아는 뿌듯한 순간을 다시 읽어보면 그때의 생생한 감정이 느껴지고, 나의 운동관도 자리 잡아간다. 객관적인 데이터로는 설명하지 못하는 주관적인 긍정이 쌓이면 '두고 봐라, 다가오는 50대의 나는 더 이상 골골이로 살지 않을 터이니' 하는 괜한 자신감이 붙기도 하고. 몸을 꾸준히 단련시키는 힘은 분명 주관에서 나온다.

만화 카페에 가다

 매일 안 해본 일을 하나씩 해볼 거야. 어느새 '중년의 진짜 설렘 되찾기 프로젝트'라고 부제를 붙인 미션에 의지를 다졌지만, 결국 모험보다는 편안한 동네를 벗어나지 않은 채 놀고 있었다. 그날은 미용실에서 두피 케어를 받다가, 흰머리가 예전보다 줄었다는 낭보를 접하고 내심 흡족하던 차였다. 최고의 립 서비스가 아닐까! 나는 또 뭘 하며 놀아야 할까 궁리하던 중에 20대 헤어디자이너 선생님으로부터 좋은 아이디어를 얻었다.

"만화 카페 가보셨어요? 제가 10대일 때 레트로가 유행해서 거기서 자주 놀았는데. 지금도 가끔 가요."

"우리 때는 만화책 대여점이 더 많았어요. 100원, 200원에 빌렸는데 요즘은 카페 스타일로 바뀌었나 보네요. 가보고 싶다~."

나는 집에 돌아와 즉시 동네의 만화 카페를 검색했고, 집에서 5분 거리에 두 곳이나 있다는 걸 발견했다. 여전히 디지털 만화를 곧잘 보는 나였지만, 종이 책장을 하나씩 넘기며 옛날 감성대로 놀고 싶은 마음이 움튼 나머지 바로 그곳으로 향했다. 서점처럼 도서 검색대도 있었으나, 내가 보고 싶었던 『어제 뭐 먹었어?』는 없어 실망하고 다른 요리 만화는 또 뭐가 있는지 두리번거릴 때였다. '신일숙!', '이미라!' 그리운 시절의 만화가들이 이곳에 남아 있었다. 갑자기 눈가가 처지며 약간 촉촉해졌다. 그것도 잠시, 순정 만화는 이미 졸업한지라 들춰보지도 않은 채 『미스터 요리왕』 1, 2권을 꺼내 들었다. 내게 만화책이란 추억이 아니라 여전히 좋아하는 장르라서 재미있는 만화를 볼 심산에 마음이 들떴다.

만화 카페에는 작은 동굴 같은 공간이 있어서 거기에 앉거나 누워서 만화를 볼 수 있었다. 마치 작은 오두막이 연상되는 공간이었다. 얼핏 오래전 교토에 갔을 때 가보았던 '북앤드베드'라는 북카페 겸 호스텔이 떠올랐다. 그때는 라이프스타일 트렌드 조사의 일환으로 찾았기에 '놀러 갔다'는 개념은 아니었지만, 책이 가득한 공간에서 잠깐 책을 읽고 가거나 숙박도 가능하다는 점이 인상 깊게 남아 있었다. 만화 카페 역시 서가 사이에 작은 방이 있는 형태라는 점은 북앤드베드의 공간과 유사했으나 라면과 떡볶이 냄새가 나는 건 어릴 때의 만화방과 똑같았다. 히비스커스차를 조금씩 마시며 요리 만화의 책장을 넘기는 나에게는 추억의 냄새에 불과했지만. 만화책을 집중해서 읽었으나, 집이 아니라 그런지 심신이 편하지는 않았다. 낯선 곳에서 눕기는 싫고, 허리 받침 없이 푹신한 바닥에 다리를 뻗고 앉는 자세가 불편했으며 조명은 노란빛이 돌아 눈도 피로했다. 시간제 요금을 내는 곳에서 2시간 동안 만화책 두 권을 부랴부랴 읽고 다소 뻑뻑한 눈을 한 채 가게를 나왔다. 별로 재미는 없었다.

1990년대에 청소년이었던 나는 중간·기말고사가 끝나면 가벼운 발걸음으로 늘 학교 앞 만화책 대여점에 갔다. '이 순간을 위해 시험공부를 그토록 열심히 했다고. 수학이나 물리는 하지 않았지만!' 교과서가 마르고 닳도록 내용을 암기해 객관식 답안을 고르는 시험에서는 늘 좋은 점수를 받았다. 그만큼 단시간에 머리를 집중해서 쓴 뒤에 가볍게 만화책을 보는 건 시험 종료 후 일상적으로 하는 놀이였다. 만화책을 1권부터 10권까지 책장에서 모두 꺼내 텅텅 비어 있는 책가방에 가득 챙겨 넣은 다음 집에 돌아와 이불을 덮고 누웠다. 옆에 만화책을 잔뜩 쌓아두고 한 권씩 읽어나가며 대충 뜯어둔 과자 봉지에 손을 뻗으면 행복감이 흘러넘쳤다. 시험을 마친 해방감, 흥미진진한 만화책, 성적을 빼곤 대체로 아무 걱정도 없었던 시절의 즐거움이다. 정말 그 시절만의 감성이 있는 거구나. 지금 내게는 시험이 끝난 해방감도 없고, 만화책보다 재미난 일을 훨씬 더 많이 알아버렸고, 더는 '초딩 입맛'의 과자를 맛있다고 느끼지도 않으니까. 옛날을 떠올릴 만한 만화책 몇 권을 보며 반짝한 추억만 도드라지게 남는다.

어느 시절에나 좋은 점과 힘든 점이 있고 그럼에도 희망을 품었기 마련이다. 나이의 앞자리가 1로 시작했던 청소년기에는 비현실적인 꿈을 잔뜩 꾸곤 했다. 마치 꿈만 꾸면 뭐든지 해낼 수 있을 것만 같은 자신감에 불타올랐다. 어른이 되어 현실 앞에 좌절하고 타협하고 또 타협해나가며 순응하기 전의 나를 떠올려보면 어딘가 하찮으면서 귀여운데…. 그럼에도 그리운 건 태어나 처음 접해보는 무수한 것들에 설레던 순간이다. 물론 요즘 유행하는 소설들의 단골 주제인 회귀가 내게도 일어난다면 수능이 끝난 직후로 돌아가고 싶긴 하다. 입시 공부는 고통의 기억만 가득하므로 되도록 그 이후로 말이다. 청춘일 때의 기억을 자꾸 곱씹는 것이 나이 들었다는 증거라고 하던데 벌써부터 이럴 일인지 어딘가 겸연쩍긴 하지만 내 주변 사람들도 피해 가지 못하는 정서다.

요즘 들어 옛날 코미디극을 보고, 옛날 노래를 듣는다는 H는 자신의 가장 건강하고 열정적이었던 시절이 그립다고 했다. 〈봉숭아 학당〉이라는 오래된 코미디 프로그램을 유튜브에서 찾아보며 오서방, 맹구처럼 여러 캐릭터들을 말했는데 나도 "알지, 알지. 기억하고말고!" 크게 웃으며 맞장구를 칠 만큼 옛 기억이 떠올라 즐거워졌다. 한때 열렬히 좋아했던 것을 다시 꺼내어 회상하는 것도 여유에서 비롯된다. 고민이나 걱정, 온갖 미래 지향적인 계획이 없는 사람만이 가지는 너른 여백에는 옛 기억이 불쑥 물들기 마련이니까.

결국 『어제 뭐 먹었어?』는 집에서 디지털 만화를 대여해 읽었다. 요즘 내가 읽는 만화는 일상 요리를 주제로 한 것들이다. 특별한 사건과 사고 없이 순하게 흘러가는 이야기들이 좋다. 『미스터 요리왕』은 장인이 되어가는 성장물이라 어딘가 버거웠다. 10대였다면, 나도 한 분야에서 뭔가 해내고 싶다는 마음이 쑥쑥 커나갔을 스토리지만 지금은 압박감으로 다가온다. 이 또한 달라진 마음가짐일 테다. 앞날을 기대하며 열정적인 꿈을 꾸던 소녀는 사라졌다. 교복과 어울리지 않는 가방을 메고, 특이한 액세서리를 즐기고, 자신의 캐릭터를 만들고, 패션디자이너가 되겠노라며 헤어핀을 만들어 친구들에게 팔곤 했던 소녀는 금방 자랐다. 흔치 않은 행운인지 노력 덕분인지 소녀는 끼고 살았던 잡지 분야에서 일할 기회를 잡았고, 브랜드를 줄줄 외우던 능력으로 셀럽을 등장시키는 등 이목을 모으는 여러 화려한 행사를 만들거나 참석하면서 미디어와 밀접하게 일하는 커리어를 쌓기도 했다. 이제 모두 과거가 되었지만 말이다. 그 소녀는 결국 건강하게 먹고, 따뜻한 집에서 자고, 깨끗한 옷을 입고, 읽을 책만 있다면 늘 즐거운 중년이 되었다. 과거는 분명 존재했고 지금의 나를 만들었지만, 계속 같은 꿈을 꾸지는 않는다.

일차원적인 설렘은 내가 진정 바라는 바가 아니었나 보다. 단순한 기쁨이 부족한 건 맞으나 역시 일시적인 기분 전환에 불과했다. 나는 따뜻하고 안정감 있는 삶을 바라지만, 동시에 긴 호흡으로 이뤄나갈 목표가 공기처럼 필요한 사람이었다. 음, 내 안의 무기력이 사라져가고 있구나. 의욕이 조금씩 움트고 있음을, 그때 분명히 그런 느낌을 받았다. 그러나 반드시 해야 한다는 의무감도 없고, 선택지도 너무 많은 탓에 나는 여전히 혼란을 겪고 있다. 이때는 나의 이상향, 혹은 가치관을 다듬는 노트를 열어봐야 할 때다. 나 자신과 나누고픈 말들이 너무나도 많다.

나의 벨라 피구라

"밀라노 사람들은 왜 하나같이 옷을 잘 입을까요?"

2년 전, 밀라노에 출장 갔을 때였다. 아마 몬테 나폴레오네 거리였을 텐데, 그곳에 넘쳐나는 세련된 차림의 사람들을 보며 나는 조심스레 감탄했다. 함께 있던 회사 동료는 '벨라 피구라'라는 말을 아느냐며, 그녀가 밀라노에 사는 디자이너에게 들었다는 개념을 이야기해줬다. 벨라 피구라(Bella Figura)를 문자 그대로 풀면 '아름다운 외형'이라는 뜻이지만, 실제로는 이탈리아인들이 추구하는 아름다운 삶의 기준으로 최선의 모습을 자신과 남에게 보여준다는 의미다. 에스프레소가 있고, 아이스아메리카노는 없는 나라. 1인 1피자의 나라이자 작은 피자를 나눠 먹겠다고 잘라달라는 우리에게 한쪽 눈을 장난스럽게 찡긋거려 보이는 곳에서(옆자리의 이탈리아인 꼬마는 손에 든 피자 하나를 반으로 접어 야무지게 붙잡고 먹는다) 나를 최상의 모습으로 다듬는 것이 자신과 타인을 향한 존중이라는 관점을 배운다.

언젠가 《빌리브》 매거진에서 홍콩에 사는 이탈리아인 요가 강사 루이지 프라토의 인터뷰를 읽다가 벨라 피구라가 단순히 보이는 모습 그 이상임을 알았다. 그는 주거비가 비싸기로 유명한 도시에서 4평짜리 나노 플랫에 산다. 프라토 씨가 말하길 이탈리아는 삶을 위한 최소한의 주거 규모가 법으로 정해져 있어 4평 규모의 집을 지으면 불법이라고 했다. 우리나라 기준이 궁금해 찾아보니 1인 가구의 최소주거면적은 14제곱미터(4평), 고시원은 그 절반에도 허가가 난다. 이 온도 차이는 어디에서 오는 걸까. 이탈리아인들에게 집은 살아가는 곳이자 사람을 만날 때도 레스토랑보다 집으로 초대하는 사교의 장으로 삶의 중심이다. 그래서 집을 리모델링하고 개조하는 비용을 아낌없이 지출해 문고리 하나에도 최고의 재료를 사용하는 등 자신만의 스타일로 꾸미는 재능이 있다고 한다. 패션, 음식, 가구와 같은 기본적인 의식주부터 오페라, 피아노, 바이올린과 같은 음악, 그리고 회화와 조각의 미술, 르네상스…. 오늘날 디자인과 예술의 강국이란 명성은 그냥 만들어지지 않았다. 그 나라 사람들 개개인이 가진 예술적 취향, 장인의 면모가 모여 만들어진 결과물이다.

컴포트 존을 떠나면 늘 새로이 배우고 깨닫는 바가 있다. 그것이 여행의 묘미랄까. 또 혼자 있기보다 여러 사람과 교류하다 보면 신선한 관점이 생기고 다른 관점으로 세상을 보게 된다. 그러고 나면 스스로가 얼마나 작은 존재인지, 또 세상이 얼마나 흥미로움으로 가득 차 있는지 알게 되고 두근거리기도 한다. 어느 나라든 특유의 삶의 태도가 있고, 그곳에서 좋은 인상을 받을 때면 곧잘 내 삶에 흡수했는데, 벨라 피구라를 접한 후로 모호하게 추구해왔던 나의 이상향인 우아함에 어떤 구체적인 기준을 가지고 살아갈지 더 매만지게 되었다. 그렇다. 오랫동안 변하지 않는 나의 이상적인 삶의 방향은 '우아함'이다. 매우 주관적인 기준을 가진 가치라서 나도 내가 구체적으로 추구하는 바를 잘 모른다. 모르니까 내게 물으며 답을 찾아간다.

'우아한 탐구생활'이라 이름 붙인 글 모음에 자문자답의 향연이 펼쳐진다. 공개적으로 운영하는 블로그와 같은 이름이지만 보다 날것으로 적어대는 개인 기록이다. 우아하다는 감정이 움트는 영감을 모아두고, 내 생각을 적거나 어떤 삶을 살고 싶은지 나와 진솔하게 대화하는 글쓰기다. 관심사, 매력을 느낀 사람들, 책에서 발견한 인상적인 문구 등을 아무렇게나 남겨둔다. 안타깝게도 세월이 지날수록 나의 우아하지 못한 삶에 대한 투쟁과 불만으로 가득해지고 있다. 2017년 4월부터 쓰기 시작한 이 노트는 그 당시 내가 우아함을 어떻게 받아들이고, 또 발전시켜왔는지 그 과정을 보여준다. 첫 번째 이야기를 가져와보면….

> 쇼팽의 서정적이고 음울한 왈츠를 느리게 느리게 치기 시작했다. 오늘 선생님은 내게 두 가지 칭찬을 해주었다. 오랜만에 피아노를 치는데도 악보를 잘 본다. 그리고 피아노 위에 손을 얹은 모양이 잘 잡혀 있다는 것이다. 매일 1시간씩 연습을 한다면 그 곡은 한 달 안에 마무리할 수 있을 것 같다. 피아노가 굉장히 사고 싶지만, 오빠는 집이 좁은데 어디에 둘 거냐며 반대했다. 오빠야말로 피아노의 효용을 모르는 것일 테지만 내겐 에어

컨이나 텔레비전보다 훨씬 필요한 것이다. (중략)

같은 해 5월, '밀라노/피렌체 여행은 나를 바꿔놓았다'로 시작하는 이야기가 뒤를 잇는다. 마흔쯤에는 그 나라에서 살고 싶다, 와 같은 이미 과거가 되어버린 시점에 지켜지지 않은 바람도 담겨 있어 흠칫 놀란다. 나는 유럽 고전소설과 패션잡지에 빠져 살았던 어린 시절의 영향으로 전형적인 '유럽 부자' 취향을 오랫동안 동경해왔으나, 세월은 나를 가만두지 않았다. 그사이 피아노는 있었다가 사라졌고 외국에서 살고 싶다는 갈망도 없어졌다. 대신에….

> 이청조의 삶은 우아함의 정수 같다. 송나라에 관심이 높아졌는데, 중국 화조화가 집대성한 시기가 송나라(최백의 〈쌍희도〉를 실물로 매우 매우 감상하고 싶어졌다)이다. 이청조도 송나라 사람이고. 또 문(文)을 숭상했던 나라라서.
> (중략)

세월이 흐를수록 내 활동 범위 내에서 접하기 쉬운 동양 고전 문화에 관심이 갔다. 처음에는 유럽의 고전보다 더 낯설었으나 알아갈수록 더 빠르게 흡수되고 친숙해졌다. 역시 문화 DNA에 새겨진 유교 세계관을 부정할 수 없는데, 집 밖에 나가봐도 성이 아닌 궁이 있는 덕분이다. 요즘에도 차를 마시고 여기저기 도자기와 서화 전시를 보러 다닌다. 동양철학서를 찾아 읽고, 봉건시대 귀족이 금기서화(거문고, 바둑, 글씨, 그림)로 마음 수련을 한 모습에 감탄한다. 나란 사람의 미적 세계관은 서양풍이냐 동양풍이냐 구분할 필요 없이 지배계층이 향유한 격조 높은 예술문화의 찬양에 가깝지만 동양 고전 문화에 마음이 가는 이유는 아무래도 조용하고 고상한 분위기 때문이다. 오랜 세월이 흐른 뒤에도 살아남은 가치는 사람이 나아가야 할 방향을 알려준다. 처음에는 완성도 높은 아름다운 생활이라는 겉모습에 매료되었지만, 고민이 길어질수록 지난 시절의 사람들이 어떤 태도로 삶을 살았는지 들여다보면서 내 삶에 참고하게 된다.

나는 고급문화에 익숙한 가족들 사이에서 성장하지 않았다. 오히려 정반대다. 다만 내가 원하는 세계 명작 소설을 사달라고 조르면 기꺼이 사주던 엄마가 있었고, 내 고향 전라남도 광주는 예향의 도시라 은연중에 예술적 분위기를 느끼며 자랐다. 동네에는 문화예술회관과 국립박물관이 있었기에 전시와 공연을 접할 기회가 자주 있었고, 수준 높은 문화 행사가 아닐지라도 내 성장 과정에서 매우 자연스럽게 함께했다. 아마 내가 그런 기질을 가지고 있었기에 감도 높게 반응했을 테지만. 좋은 예술 작품의 위로와 감동은 지친 하루의 귀한 마무리로 공교육, 지하철, 국립박물관이 전부인 삶일지언정 나만 아는 근사한 충만감을 주었다. 특히 사고와 교양 측면에서 무시할 수 없는 힘이 생겼다.

이후 단순한 앎에서 벗어나 생각이 성숙해질수록 '우아한 탐구생활'의 글타래에는 문화 추종을 떠나 한 인격체로서 가꿔나갈 현실적인 우아함을 질문하는 글이 많아졌다. 간소하고 단정한 삶에 대한 추구, 건강한 몸을 우선시하고, 얕은 지식을 내세우기보다 말투를 다듬고 배려를 배우는 쪽에 비중이 실리는데 이런 내면에 깊이 새겨진 고민은 누구와 대화 주제로 삼기에도 머쓱하다. 예술에 무관심한 사람을 붙들고 호퍼가 어떻네, 호크니가 어떻네 떠들어대면 잘난 척하는 소리밖에 더 될까. 주변에 나와 같은 관심사를 공유하는 사람과 짧은 소회는 나눌지언정, 같은 걸 좋아해도 방향은 저마다 달라서 타인과의 대화만으로는 내 가치관의 질적 향상을 도모할 순 없다. 내 사고를 털어놓는 글쓰기로 누구에게도 말 못 할 날것의 지적 대화를 나 자신과 나누다 보면 어딘가 후련하다.

내 생의 전체를 지배하는 우아함이 모든 선택의 기준이라고 하기에는 현실과 맞지 않은 부분이 많다. 심미관이라 해석하는 쪽이 적합하기도 하고. 그럼에도 이 같은 방향이 내 생활에 고유한 분위기를 만들고 좋은 긴장감을 드리운다. 작은 물건 하나를 고를 때도 매무새를 살피고, 조화로운지 고민하는 즐거움도 알게 됐다. 게다가 적극적인 사회생활이 사라진 지금, 나태해져도 상관없지만 나는 기본적인 개인위생을 평소처럼 지키고, 방문하는 사람이 없을지라도 매일 청결한 환경을 유지한다. 은둔 생활에 돌입했을 때 가장 먼저 편안한 디자인에 질 좋은 소재의 실내복 두 벌을 샀고, 늘 깨끗하고 단정한 모습으로 책상에 앉아 일한다. 아름다움이 지나치게 높은 기준이라 생각지 않는다. 완벽한 패션이나 잡티 하나 없는 피부라기보다 나를 잘 파악해 심신에 편안함을 더하고, 주변을 아늑하게 만드는 방식에도 있다. 물건을 사용하면 제자리에 두고, 작은 소지품이나마 어떻게 하면 더 예쁘게 담을 수 있을지 고민할 때도 아름다움이 만들어진다. 식사할 때는 음식과 가장 어울리는 그릇을 꺼내어 보기에 만족스러운 순간을 늘 염두에 두고, 함부로 행동하거나 말하지 않도록 나를 제어한다. 우아함은 그런 기준이 되기도 한다. 한마디로 내 세계를 꾸려나가는 일종의 기초 질서다.

이상을 다듬어가는 자신과의 대화는 삶의 방향성을 점검하고 내 안의 갈등을 해소하는 중요한 글쓰기다. 자신이 추구하는 가치를 탐구하는 분명한 주제가 있는 개인적인 글 모음은 내가 무엇을 좋아하는지 더는 알 수 없는 방황의 순간에 쭉 읽어보면 내 생각이 어떻게 성숙해졌는지 또 반복되는 실수가 무엇인지도 세세하게 적혀 있어 참고가 된다. 그렇다고 해도 이 같은 고민과 질문이 평생 끝날 리는 없지만.

사람들 이야기

 쾅 부딪치는 굉음, 절규에 가까운 비명에 깜짝 놀란 우리는 필라테스 기구에 누인 몸을 용수철처럼 튕겨 곧장 창문으로 갔다. 큰일이 벌어진 게 분명해. 심장이 요동쳤다. 그즈음 평화로운 하루를 보내며 대체로 여유롭고 소소한 기쁨으로 편히 살던 내게 심리적 충격이 찾아온 순간이다. 간접적인 상실감, 유한한 삶에 대한 애도.

 "그래도 사람이 다치지 않아서 다행이에요."
 이렇게 서로 위로할 수밖에 없던 목격자인 우리는 사거

리에서 일어난 비극, 교통사고로 비참하게 개를 잃은 주인의 슬픔에 전염되었다. 그날 어떤 잘못이 있었는지 시시비비를 따질 만한 정보는 없었지만, 누군가 사랑을 쏟아부었던 대상이 눈앞에서 사라진 날이었다는 사실만은 분명했다. 나는 그날 밤, 자다 깰 때면 비명이 귓가에 맴돌아서 힘들었는데, 다음 날 집 밖에 나가니 사고 지점에 국화꽃 한 송이가 놓여 있어 위안을 받았다. 그다음 날 꽃은 더 늘어나 있었다. 애도, 남겨진 사람에게 꼭 필요한 의식. 나는 세상을 떠난 개도 그 주인도 알지 못하며 사건의 전말을 동네 미용실 아주머니들에게 전해 들었을 뿐이다. 뉴스에도 실리지 않을 만큼 작은 사건에 지나치게 감정이입을 했는지도 모른다. 다만 사고란 누구에게나 갑자기 일어날 수 있는 일이라 겁이 났다.

그 후로 가족과 친구들과 대화할 기회가 생기면 자꾸 그 사고에 대해 이야기했다. 교통질서를 잘 지켜야 한다는 점도 강조하면서. 횡단보도에서 기다릴 때 차도에 가까이 서 있지 말라는 신신당부도 빼놓지 않았다. 잘 모르는 타인을 향한 연민에 앞서 나의 것을 지키고 싶다는 마음이 더 컸다. 나는 내 주변의 소중한 사람들뿐 아니라 그 누구도 허망하지 않은 마지막을 맞길 간절히 바란다. 비극을 공유할 때 사람들 사이의 유대감은 단단해지고, 이타심이 가장 커진다. 그러나 사람과 사람 사이의 감정은 매우 복잡한지라 이런 결속력은 오래가지 않고, 자신의 이익을 우선하다 보니 곧잘 갈등이 싹튼다. 빵집 주인의 자비심이 아니라 이기심 덕분에 빵을 먹을 수 있다고 했던 애덤 스미스와 사람은 악해서 법으로 다스려야 한다는 한비자의 견해에 기대지 않더라도 우리는 언제나 자신의 생존을 최우선으로 두고 서로 협력하거나 때로 경쟁함을 안다.

"그렇게 선한 얼굴로 사기를 치더라니까?"
"어머, 그래서 돈을 빌려준 건 아니지?!"

친구들을 만나면 일종의 뒷담화(선의의 정보 공유)가 끝없이 이어진다. 좋은 소식도 나쁜 소식도 있지만 대체로 부정적인 이야기에 관심이 쏠린다. 손해 보기 싫어하는 사람의 속성에 따라 자신이 피해를 입을 수 있는 정보에 더 민감하다. 친구 A, B와 모두 알고 지내며 착해 보였던 C의 뒤통수. 그렇게 안 보였는데, 그런 사람이더라, 하는. 역시 겉모습만 보고 판단할 수 없다고 입을 모아 말한다. 과거에 투자 사기를 당하고 거액의 대출금을 갚다가 건강까지 상한 친구 D의 이야기도 나온다. D는 그 자리에 없었지만 사연만큼은 소환당하고 말았다. 공동의 적이 생길 때 얼마나 빠르게 의기투합하는지…. 이때의 친구들을 살펴보면 다면성을 가진 사람을 어떻게 파악해야 하는지 '순진한 나는 모르겠다'의 모습이다. 물론 나도 같은 표정을 짓고 있을 것이다.

오래 교류하며 감정을 쌓아나가야 비로소 단단해지는 유대감. 누군가를 믿고 사랑하면서도, 내가 다치지 않으려면 동시에 경계해야 한다는 또 다른 딜레마를 만난다. 『H마트에서 울다』에서 작가 미셸 자우너의 엄마 정미 씨는 딸에게 누군가를 깊이 사랑하더라도, 또 깊이 사랑받는다 믿더라도 절대 전부를 내어주어서는 안 되며 10퍼센트는 따로 남겨두라고 말한다. 슬픈 회고록을 읽는 순간에도 자신을 지키는 10퍼센트를 남기라는 조언만큼은 가슴에 꼭 새긴다. 신뢰와 적절한 의심이 섞이는 그 지점, 내 삶에 커다란 영향을 미치는 특별한 인물도 그렇지만 평범한 대인관계를 지혜롭게 꾸려나가려면 대체 어떻게 해야 하나. 우리는 각자 다른 환경에서 살아왔고 사고방식이 다르며, 이해관계로 얽혀 있기도 하니, 신이 아닌 이상 그 누구도 속속들이 알 수 없다.

인상 깊은 대화가 오가거나 내가 말실수했다고 느낀 순

간이 생기면 '사람들 이야기'라는 글 모음을 연다. 자, 혹독하게 반성 또는 울분을 토해내볼까. 나는 위험 회피 성향이 강한 사람이다. 되도록 갈등을 일으키지 않고, 무난하게 사는 게 목표라서 조그마한 이득을 위해 스트레스를 받거나 누군가에게 원망을 사는 일을 극도로 꺼린다. 그런 상황은 누구나 싫겠지만…. 말실수를 하지 않게 조심해야 해, 받았으면 답례를 해야 해, 와 같은 기본적인 인간관계를 꾸려나가는 기술을 자꾸 되새긴다. 그렇다 해도 늘 어딘가 구멍이 생기고 만다. 안전하게 "오늘은 눈이 오네, 길이 미끄럽겠다"라는 날씨 이야기를 꺼냈다고 해보자. 전 세계적으로 가장 무난한 스몰토크이건만 눈이 오는 날 트라우마를 겪은 누군가는 그 얘기로 난데없이 비수에 찔린 꼴이 될 테다. 그러니 정답은 없고, 어떤 관계든 조심스럽게 일궈나가야 한다.

게다가 나도 마찬가지다. 악의 없는 상대방이 꺼낸 말로 약한 부분을 공격당할 때가 있는데, 티 나게 피 흘리며 쓰러지기보다 적어도 겉으로는 상처받지 않은 것처럼 굴어야 한다. 날 이상하게 생각하면 어떡해. 한 톨도 거슬리지 않는 날이 가장 좋지만, 유독 마음에 걸리는 대화가 생긴 날이면 복기하며 무엇이 문제였고 어떻게 대응해야 했다는 반성문을 쓰거나, 반대로 별것 아닌 걸로 상대의 반응이 유독 좋았다면 칭찬문을 쓰며 나를 독려한다. 사교를 떠나 살 수 있는 사람은 없으니까. 음, 1000번의 절도로 연명한 미국의 은둔자, 크리스토퍼 나이트처럼 스무 살에 갑자기 숲으로 들어가 사람을 피해 수십 년을 홀로 사는 사람은 극히 드물 테니까.

"올가을은 너무 더워서 정원에 때에 안 맞게 철쭉이 피었더라. 이따가 사진 찍어서 보내줄까?" 안부를 묻는 전화 통화 중에 아빠가 말씀하셨다. 나는 "이상기후 때문에 내년에 농산물값이 오를지 모르겠네!"라고 답했는데, 아빠는 "너는 꼭 그런 소리만 하지. 낭만이 없다. 아부지는 낭만적으로 이야기하는데"라고 하셔서 웃고 말았다. 그런 말을 들으니 확실히 내게 그런 면이 많았다. 마음이 걸리는 순간이라서 다시 그 대화를 떠올리며 '사람들 이야기'에 적는다. 아빠 말에 조금 더 동조해주고 공감해주지 못했으니 다음번에 비슷한 대화를 나누면 그런 부분은 맞춰드려야겠다고, 반응을 바꾸자고 반성한다. 아빠 기분 하나 헤아리지 못하는 건 서글프니까. 모든 관계에는 위계가 있다. 더 사랑하는 쪽, 더 권력을 가진 쪽, 때로는 더 배려심이 넘치는 쪽이 있는데 그건 어떤 사람을 상대하는지에 따라 매번 달라진다. 나를 한없이 낮추고 상대에게 맞출 필요도 없지만, 나에게만 맞추라고 하는 사람은 아무도 좋아하지 않는다. 이 글에서는 역시 '안전하게' 아버지와의 대화를 가져왔지만, 비공개 글 모음에는 내가 사교·사회생활을 하며 스스로에게 커다란 생채기를 안긴 대화들이 많이 적혀 있다. 기싸움에 가까운 피곤한 일들, 불면의 밤을 선사하는 상황들로 역시 내가 취약한 부분들이 보였다. 언제나 '그때 내가 왜 그랬을까'로 시작하는 후회다. 명백히 상대방이 잘못했을 때도 나는 기어코 내 잘못을 찾아냈다. 이 같은 '내 탓이오' 역시 성숙한 방어기제는 아니라고 한다. 그래서 나같이 참고 참는 유형이 더 이상 참지 못하면 어떤 관계든 끊어버리는 우를 범한다. 과거의 나에게 말하고 싶다. 제발 다리를 불태우기 전에 대화를 하라고! (머리로는 알지만 고칠 수 있을지 장담하진 못한다.)

처음 '사람들 이야기'를 적기 시작했을 때는 단순히 세련된 사교술을 연마하기 위한 반성문 또는 개선안이라 여겼지만, 자꾸 흑역사를 머릿속으로 복기하며 잠 못 드는 내가 너무 피곤해서 결국 불만을 쏟아내는 용도로 변질되고 말았다. 남에게 대놓고 쏟아내지 못하는 사람의 속 시원한 글쓰기는 꿀잠을 위한 노력이기도 하다. 혼자 보는 글은 상대에게 상처를 입히지 않고, 나의 상처는 치유한다. 컴퓨터 화면에 띄운 페이지에 분노와 억울함을 담아 절절하게 쓰다 보면 '이 정도까지는 아닌데? 과하게 생각했네'라는 객관적인 시각도 생긴다. 이런 내게도 성숙한 마음가짐을 갖자는 이상향은 있다. 그래, 세상 어딘가에는 갈등이 생기면 대화로 해결하고, 늘 상대방을 헤아려 분위기를 망치지 않는 대화만 하는 사람도 있겠지. 나는 아직까지 한 명도 만나보지 못했지만 말이다. 나도 그렇지만 다들 말하다 보면 은근히 '깨는 부분'이 있어서 오히려 다행이라고 생각할 때가 많다. 완벽하지 않아도 괜찮다는 신호 같아서. 애초에 예의 바르고 선을 지키는 대화는 있겠지만, 완벽한 대화술이란 존재하지 않는다. 나랑 맞는 대화만 있을 뿐. 그러니 관대함을 길러서 실수를 만회할 기회를 주는 사람이 되자고 다짐해본다. 나, 그리고 상대방 모두에게.

○
몰입이 필요해

왜 꼭 뭔가를 하려고 발버둥을 치지? 편안하고 쾌적한 하루하루를 즐기기만 해도 충분하잖아. 한편으로는 그런 생각을 했지만, 정답은 알고 있다. 생생하게 살아 있다는 감각을 느끼기 위해서 사랑에 빠져야 하고, 그런 감각이 없는 삶이란 허무함만 커질 뿐이다. 사람이든 일이든 취미든 자아에 매몰되기보다 타아(他我)나 사물에 집중하는 방식으로 이 세상 무엇이든 빠져들어야 살아갈 맛이 난다고.

나의 낙관주의 연습은 잔잔하게 일상을 파고들었다. 집-체육관-슈퍼마켓-숲 공원이라는 동네살이에서 벗어나 활동 범위를 점진적으로 넓혀갔고, 안 가본 길을 가보고 사람을 만나니 저자극으로 침체된 기분은 곧잘 활기차게 바뀌었다. 좋은 쪽으로 해석하는 것 자체가 불안을 땔감 삼아 살아가는 나에게 정반대의 기질을 연마하라는 것과 다를 바 없었고, 안전제일주의자에게 자극을 추구하는 모험을 하라고(인상 깊은 일탈 따위는 없었지만) 종용하는 것 자체가 도전이었다. 그러나 그런 소소한 노력에도 불구하고, 유야무야 시간이 흘러 몸이 튼튼해지는 만큼 의욕이 채워졌음에도 대체 이 에너지를 어디에 태워야 할지는 정하지 못했다.

중년의 공허인가 위기인가. 뭐라고 불러야 할지는 모르겠지만, 꼭 나이 때문이 아니라 살면서 몇 년에 한 번은 이렇게 갈팡질팡한 기분에 휩싸인다. '삶의 의미는 무엇인가'와 '왜 살아야 하는가'와 같은 답 없는 고민을 지겹도록 한다. 호모사피엔스는 오늘도 고심하나 한계에 부딪치자 인류 지성의 보고에 빠져든다. 나는 책 속에 파묻혀 읽고 또 읽는다. 가끔씩은 읽는다는 행위 자체에 중독된 게 아닌가 싶지만, 나는 분명 여러 라이프스타일을 참고해 내 의문에 답을 구하려는 목적이 있다. 어떤 날에는 신이현 소설가가 프랑스인 남편과 충주에서 포도 농사를 짓고 와인을 만드는 에세이를 읽었다. 남편인 레돔 씨는 컴퓨터 엔지니어였으나 마흔 무렵 더는 이렇게 살 수 없다며 원하는 농사의 길로 뛰어들었다. 하고 싶은 일이 분명한 사람이 자연에 흠뻑 빠져 쓴 농사일지에서 좋아서 하는 일의 굳건한 힘이 느껴졌다. 좋다, 다음 독서는 대학을 졸업한 후 청소 일을 하면서 궁극적으로 일러스트레이터로 먹고살고자 하는 청년의 삶이다. 인정받기 전까지 생계를 해결할 만한 돈을 벌지 못하는 창작자가 하고 싶은 일을 포기하지 않기 위해 택한 인생 전략이 꽤 용기 있다. 그다음은 애플의 CEO 팀 쿡을 직접 만나기도 한 80대의 프로그래머 마짱 할머니. 이과계 노인을 육성해야 한다고 주장하는 그분이 어떻게 여든 살인가.

숙연해지며, 나이 염불은 하지 말아야 한다고 노인계 상위 1퍼센트 같은 열정을 가진 마짱의 꾸준한 시도에 전염된다. 음, 또 그다음은…. 읽고 또 읽는다. 연령 상관없이 좋아하는 일을 해나가는 경험담을 읽으며 내 안의 열망이 어느 쪽에서 불타오르는지 보려 했다. 그러나 어디까지나 남의 이야기 아닌가. 용기는 북돋아주지만, 나의 고민에 대한 답은 주지 않는다.

한 장르만 쭉 읽다 보면 어떤 답이 보이려나. 당분간 소설만 읽어보기로 하고 『겐지 이야기』와 같은 장편 고대문학을 읽다가 현실과 동떨어진 세계관에 너무 오래 노출된 나머지 불협화음이 생기기 시작했다. 거리에 나서면 왜 소가 끄는 수레가 다니지 않는 거지, 싶은. 체육관에 가려고 몸에 딱 붙는 레깅스를 입은 현대적인 나만 있을 뿐 그 어디에도 은유로 점철된 편지가 오가지 않는다. 비현실에 갇혀 사는 것 역시 내가 바라는 바는 아니다. 그렇게 도서관 서가와 서점 매대의 책 사이를 산책하던 나날에 결국 한 권의 책을 만났는데, 바로 미하이 칙센트미하이의 『몰입의 즐거움』이다.

그 책에 의하면 지루함을 곧잘 느끼는 나는 심리적 엔트로피가 높은 상태이다. 엔트로피는 '무질서도'를 뜻하며, 이로 인해 내부 질서를 다시 세우는 데 온 신경을 쏟아야 하므로 할 일에 집중하지 못한다고 한다. 내 이야기다. 나는 이내 저자의 논리에 빠져들었다. 햇볕을 쬘 때 느끼는 잠시간의 행복은 이를 유발하는 상황이 사라지면 없어지는 감정이지만, 몰입은 스스로 과제를 부여하고 해나가면서 얻게 되는 강렬한 경험이며 궁극적으로 삶의 질을 올린다는 말에서 혹시 나는 여태 조건부 행복을 찾았던 걸까, 하는 질문이 생겨났다.

내게 단순한 기쁨은 요리로 치면 그저 파슬리에 불과함을 일찍이 알고 있었다. 집에 혼자 있을 때나 사람들과 놀 때는 명확한 목표라 할 만한 게 없으므로 휴식은 되겠지만 몰입 경험을 얻기 힘들다는 말과 일맥상통한다. 반면에 일은 해내야 할 목표와 규칙이 있고, 일을 제대로 하면 보상이 따르므로 몰입이 가장 잘 일어나는 활동이다. 몰입 경험이야말로 내겐 메인 요리이건만, 할 일도 있으면서 동시에 권태롭다는 점이 의아했다. 심리학자 칙센트미하이가 제시한 답은 과제의 수준이 낮기 때문이라고. 실력을 키우면서 과제의 난도를 올려야 몰입 경험을 할 확률이 올라간다. 책을 읽으며 꼬리에 꼬리를 무는 의문이 생겼는데, 몰입한 끝에 찾아오는 공허가 궁금했다. 그러나 책 속에는 별다른 설명이 없었다. 나만 느끼는 건가? 내 경우 보상이 목적이 되면, 과정을 즐기지 못했고 보상을 얻은 후 공허해졌다. 과정을 즐기지 못해서라고 넘겨짚으면서 또 참고할 만한 책이 있는지 심리학 서적을 모아둔 서가를 뒤적였다.

『도파민네이션』의 저자인 미국 정신과의사 애나 렘키는 깊은 몰입의 흐름은 그 자체가 마약과 같은데, 몰입은 도파민을 분비하고 특유의 도취감을 낳는다고 한다. 게다가 이 같은 몰입이 부유한 나라에서는 커다란 보상을 보장한다고. 다만 몰입이 소중한 사람들과 밀접한 관계 맺기를 가로막으면 인생의 덫이 될 수 있다고도 말해 내게 몰입의 균형 잡힌 시각을 알려줬다. 아참, 공허에 관한 명쾌한 답을 아직 구하지 못한 참이었는데 아마도 렘키 박사가 말한 쾌락과 고통의 저울 때문이 아닌지 추측했다. 쾌락이 먼저면 이후 고통이 몰려오고, 고통이 먼저면 나중에 쾌락이 찾아오듯 평형을 유지하려는 강력한 자기 조정 메커니즘 때문에 과몰입으로 따끈해진 머리를 식혀준 후에 남은 잿더미가 공허인 거라고 말이다.

이후로도 언제나처럼 망설임이 생기는 일은 때가 아니라는 생각으로 하지 않았고, 당장 마음속에서 중요하다고 노래를 부르는 우선순위에 매달려 결과가 나올 때까지 과정에 몰입하려고 한다. 내 안의 질서가 다시 자리 잡아가는 걸까. 앞으로 무엇을 해야 할지 깊게 고민하지 않고, 감정을 나침반 삼다 보면 방향이 제대로 보일 거라고 생각하면서. 가만히 보면 과거에도 똑같은 고민을 했고, 같은 결론을 내렸던 기억에 착잡함이 스친다. 나의 문제가 아니라 망각을 잘하는 인류 전체의 문제라고 탓해봐도 되려나. 오죽하면 '역사는 반복된다'라는 명제가 진리로 자리 잡았을까. 그러니 잊을 만하면 한 번씩 그동안의 삶을 돌아보고, 나 자신을 깊게 들여다보고,

삶의 의미를 되새긴다. 이때마다 살아가는 의미는 스스로 만들 뿐, 누구도 부여해주지 않음을 알게 된다 할지라도.

    삶에 고민이 생길 때면 평소보다 곱절로 책을 읽는다. 이때는 질보다 양을 추구하며 쉬지 않고 읽고 내 고민에 답을 찾아가면서 동시에 독서 감상문을 쓰는데, 내가 볼 때는 이것이 가장 좋은 마음챙김 글쓰기다. 평소 세 가지 주제를 잡고 자신과 대화를 나누는 간헐적 글쓰기를 하며 나를 다독이지만, 곧잘 편협한 시선에 갇히곤 한다. 그러나 타아, 다른 사람의 생각은 내 사고의 지평을 넓혀준다. 잘 쓰인 글, 권위 있는 글, 어쩐지 거북한 글마저도 늘 깨달음을 주었다. 이 너른 세상에 가지각색의 사연을 만나면 내 고민 정도는 아주 작게 느껴진다는 점이 제일 좋았고. 독서 감상문이라는 말만 들어도 학교 과제처럼 답답하게 다가오지만 논문 쓰는 마음으로 접근하는 행위는 아니다. 다른 사람이 세상을 해석하는 관점을 두고 내가 느끼는 바를 간단히 적는 수준으로도 충분하며, 공감 가는 문장만 발췌해 들여다보는 것만으로도 내가 어디에 가치를 두는지 한눈에 보여 좋다.

    나는 '삶의 재료'라는 이름의 간단한 노트를 스프레드시트에 정리하는데, 독서뿐 아니라 영화, 만화책, 다큐멘터리처럼 시간 내어 감상한 콘텐츠를 분류해 정리한다. 그중 가장 긴 목록이 책일 뿐이다. 이번의 독서 마라톤에서 나는 '몰입'이란 힌트를 얻었다. 앞으로의 시간을 어떻게 보내야 할지 이보다 더 적절한 답안이 있을까.

> 후기

나의 감정
관찰기

　　　　　　매일 바깥에 놀러 다니는 게 어느새 습관이 된 걸까요. 집에서 점심을 먹고 나니 조금 답답했습니다. 혼자 카페에 즐겨 가는 편은 아니지만, 그날은 백색소음이 그리워 집 앞 프랜차이즈 커피숍에 갔습니다. 주문 대기 줄에 서 있는데, 앞 손님과 점원의 대화가 끝도 없었어요. 처음엔 그동안 모아온 스탬프를 선물로 바꿔 가겠다. 그다음엔 얼마 이상 사면 스탬프를 하나 더 찍어준다는 점원의 말에 추가로 주문. 이어서, 구매 금액이 기준에 맞아서 무료 음료 쿠

폰을 주겠다는 점원의 재방문 유도…. 뒤에서 기다리던 제 인내심이 조금씩 바닥나기 시작했습니다. 순간 그냥 나갈까, 화가 치밀기까지 하더군요. 그러다 제 감정을 알아차렸죠. 급한 일도 없고, 별일도 아니잖아. 이어서 마음속의 더 깊은 소리를 들었습니다. 그곳의 고급스러운 브랜드 이미지는 오래전 사라진 데다, 세련되지 않은 방식의 프로모션이 싫었던 거라고 말이죠. 과거 비슷한 업무들을 해왔던지라 저도 모르게 비판하고 있었던 것입니다. 저의 짜증스러운 마음의 실체를 받아들이자, 마음에 평정심이 찾아왔습니다.

주문한 따뜻한 차를 들고 노랗게 물든 은행나무가 잘 보이는 곳에 자리를 잡았습니다. 주위를 둘러보니 공부나 일을 하는 사람들로 가득했죠. 낮은 소파 좌석에 앉은 제 주변만큼은 수다족이 많았지만요. 바로 옆자리에는 여자 셋이 모여 각자 시어머니, 돈, 일을 주제로 불만을 토로하고 있었습니다. 본의 아니게 엿듣고 만 저는 누구나 자주 말하는 부분이 그 사람의 현재 가장 큰 문제로군, 하는 생각이 다시금 들었죠. 파란 하늘에 대비되는 샛노란 은행나뭇잎이 흔들리는 걸 보는 사람은 없었습니다. 대신 그 자리에 존재하지 않는 문제들로 가득한 대화를 했고 이게 바로 지금을 살지 않는 거로구나, 하는 깨달음을 얻었습니다. 명상에서 늘 지금에 집중하며 마음의 평화를 불러오는 이유를 비로소 이해했습니다. 스트레스가 거의 없는 하루하루를 보내다 보면 명상도 글쓰기도 마음을 살펴보는 보조 도구에 불과해집니다. 어차피 일어날 일들은 일어나게 되어 있고, 제가 그걸 어떻게 받아들이고 다루느냐의 문제일 뿐이니까요. 반복해 마음 근육을 단련하다 보면 이 또한 대응력이 커질 거라 믿습니다.

○ **알아차리는 글쓰기**

불쑥 생겨난 나의 감정을 외면하지 않고 관찰하기. 마음챙김 글쓰기는 나 자신을 객관적으로 지켜보는 방법입니다. 명상을 통해 떠오르는 생각과 감정을 구경꾼의 시선으로 바라보다 다시 현재에 집중하는 힘을 기른다면, 글쓰기는 시간에 따라 내 감정의 구구절절한 변화가 명백히 보인다는 차이가 있습니다. 오늘의 화가 내일의 복이 되는 경우가 있고, 내가 상대방을 내 멋대로 오해한 후 상대방도 모르는 사이에 스스로 풀어지는 과정을 글로 다시 읽을 때면 반성의 시간도 갖게 되죠. 또한 자신이 가장 중요하게 여기는 부분이 무언지 이보다 더 면밀하게 알아내는 방법은 없습니다. 글쓰기가 삶을 더 성숙하게 만드는 셈입니다. 심지어 아무에게도 보여주지 않는 글이므로 사회적 갈등 없이(일례로 믿었던 사람에게 속 시원히 털어놨던 고민이 훗날 알려져 자신을 곤란하게 한다든가) 말하지 못할 모든 내밀한 이야기마저 밖으로 끄집어낼 수 있습니다. 세상을 향한 안전한 분풀이도 가능하고요. 이때는 자필로 쓰는 것보다 컴퓨터 글쓰기를 추천합니다. 나중에 읽어봤을 때 얼굴이 붉어질 만한 글을 다시 보고 싶지 않으면 지워버리면 그뿐이니까요.

○ **언제 쓰면 좋을까**

아침에 일어나면 10분간 명상을 합니다. 물론 몸과 마음이 따라주지 않는 날에는 안 하기도 합니다. 애초에 이 모두를 초월하여 밥 먹듯 해야 할 텐데도 여전히 완벽한 습관이 들지는 않았습니다. 이 또한 10년 후에는 일상이 될지도 모르죠. 하지만 명상을 하자고 저와 약속했고, 어떤 방법이 저와 잘 맞는지도 압니다. 저에게는 마음챙김 글쓰기도 이와 같습니다. 언제든 마음속 갈등을 해소시키고 싶을 때, 때로는 꼭 남기고 싶은 인상적인 사건이 있을 때만 쓰고 싶다는 욕구가 치밉니다. 성향에 따라 아침에 일어나자마자 글을 쓰며 오늘 하루를 어떻게 보낼지 마음을 다잡을 수 있고, 밤에 잠들기 전 성실하게 감사 일기를 쓰면서 자신의 하루를 돌아보고 긍정의 마음을 기르는 쪽이 잘 맞는 분들도 있겠지요. 무엇이든 여러 방법으로 시도해보세요. 분명 자신과 잘 맞는 방법을 찾을 테니까요.

○ **결국은 고요함**

마음을 들여다보려 쓰는 글에도 목표는 있습니다. 제가 기르고자 하는 내면의 힘은 평정심이에요. 불같은 감정이 생길 때는 물을 뿌려야 합니다. 마음이 새카맣게 타버리도록 내버려둘 순 없지요. 지나치게 어두운 기분일 때는 밝게 만들어주고, 반대로 과하게 들뜬 날에도 감정을 가라앉혀 침착함을 되찾아주는 것이죠. 사실 모든 감정에 좋고 나쁨은 없다고 생각합니다. 행복할 때 살맛이 나고, 불안하면 미래를 대비해서 열심히 살고, 분노할 줄 알아야 불의에 맞서는 등 각기 역할이 분명하니까요. 다만 비정상적으로 한쪽에 치우친 감정은 문제가 되겠지요. 어찌 보면 저에겐 글을 쓰지 않는 날이야말로 마음에 균형이 잡혀 있는 가장 좋은 하루라서 굳이 마음을 들여다볼 필요도 글로 남길 필요도 없는 셈이죠.

chapter 4

새로운 삶의 질서

평정심 16시간

○ 느리고 명랑하게, 매일 하는 심신단련 ○

조용한 삶의 시작

　　　　　　　　　　　　　12~13세기 일본의 수필가인 가모노 초메이는 자연재해와 정치 변화 속에서 인생무상을 느끼고 스스로 작은 집을 짓고 은둔했다고 한다. 그의 책 『호조키』에서 그려지는 은둔자의 집은 사람들로부터 멀리 떨어진 외딴곳에 자리한다. 벽에는 두 개의 불교 이미지를 걸고 그 밑에 제단을 둔 뒤 경전을 놓은 종교적 수행 공간과 침대를 제외하면 종교, 문학, 음악과 관련한 몇 권의 책, 그리고 두 개의 악기를 보관하는 선반이 전부다. 이 작은 곳에서 하루의 시간을 두 가지로 나눠 썼는데, 하나는 경전 읽기와 같은 종교적 수행

이었고, 또 하나는 악기 연주나 작곡, 때로는 시 읽기와 같은 창의적 활동에 몰두했다. 세상의 고통에서 멀어져 아무런 방해도 받지 않고 자신의 삶을 일궈가는 작은 오두막 안에는 그 사람이 어디에 시간을 쓰는지 명확히 보여주는 소지품만이 소박하게 놓여 있다. 자신이 바라는 우선순위를 알고 이에 집중하는 삶이란 얼마나 단정하고 밀도 높은지.

시간적 여유를 가지고 자유롭게 살고자 했을 때, 내겐 120센티미터의 책상이 호조키의 작은 오두막이 되었다. 오전과 오후 각각 4시간을 들여 두 가지 정도의 과제만 내게 부여한 채 유유히 살아가야지. 그동안 부족한 시간을 쪼개서 너무 많은 과업을 이루려 했던 욕심을 버리고, 스케줄을 간소화했다. 이를 위해 눈떠 있는 시간 중에 가장 오래 머무는 책상을 중심으로 주변 환경을 정비했는데, 가장 먼저 허리가 자꾸 무너지는 불편한 의자를 바꿨다. 원래 사용했던 곡목의자는 1시간 정도 사용할 땐 문제가 없었지만, 시간이 지나면 자세가 불편해지고 허리 피로도가 높아졌다. 여태 바깥에서 머무는 날이 많았으니 집에서 쓰는 의자의 기능성을 전혀 문제 삼지 않았으나 이제 거의 집에 있으므로 상황이 달라졌다. 그동안 나의 심미적 기준에는 부적합해서 사무용 의자를 집에 들이지 않았지만 가끔은 형태가 기능을 따르는 디자인이 생활에 더 필요하기도 하다. 의자 전문 브랜드의 매장에 가서 여러 제품을 살펴보고 앉아본 뒤 그중 허리를 잘 받쳐주면서 좌석이 편안해 가장 일어나기 싫은 의자를 골랐다. "팔걸이도 조절된다고요?" 점원에게 되물으면서 좌석의 각도를 조절하고 위치도 움직여보고…. 내 몸에 잘 맞는지 두루두루 확인했다. 책상 높이와 의자 높이를 맞추면 땅에 발이 닿지 않는 내 작은 키를 위해 발 받침대까지 구비하자 비로소 바른 자세를 위한 책상이 마련되었다. 그렇게 책상형 은둔 생활이 시작됐고, '건강하고, 문화적이야!'를 외치게 하는 의자의 만족도는 여전히 높다. 혹시 내가 누워 지냈던 이유가 무기력이라기보다 어쩌면 몸에 맞는 편안한 의자가 없어서였던 것일지도. 오랫동안 시달리는 문제의 해결책이란 알고 보면 이토록 단순할지도 모른다.

은둔 생활의 일과는 마음먹기 나름이라서 아주 여유롭고 싶으면 아무것도 하지 않아도 되고, 의욕적으로 살고 싶으면 꽤 바쁘게 지낼 수도 있다. 어쨌든 내 시간의 주인은 나라서 하고 싶은 대로 한다. 사람은 무질서를 싫어해서 결국 시간을 쓰는 특정 패턴이 생기고야 말았지만. 하루 8시간 정도 잘 자면 컨디션이 좋은 나로서는 귀중한 잠을 아끼지 않으므로 깨어 있는 시간이 순수하게 16시간이고, 보통 세 가지 용도로 나눠 쓴다.

- 2시간: **체육**(운동 수업, 산책)
- 6시간: **요리와 식사, 집안일, 자기 돌봄**(아침, 점심, 저녁 식사 기준으로 각각 2시간씩)
- 8시간: **생산적인 활동**(업무, 지적 활동을 각각 4시간씩 오전·오후로 배분)

조용한 삶의 가장 좋은 점은 스트레스가 거의 없다는 데 있다. 바쁜 스케줄에 쫓기지 않고 재촉하는 사람도 없으며, 누군가와 이익을 다투는 상황이 적은 반면에 나와 교감하는 시간이 늘어나므로 나를 더 잘 이해하게 된다. 내재된 에너지가 고갈될 상황도 없으니 몸과 마음이 건강해지는 건 당연하고, 비축된 에너지를 창의적인 활동에 쓰다 보면 만족감은 계속 높아진다. 흔히 나이 들수록 그 사람이 살아온 삶이 얼굴에 드러난다고 한다. 나는 은은한 편안함이 자리하길 바라는 중이다. 장점이 있으면 단점도 있는 법인데, 이런 삶은 자극이 부족해 지나치게 단조롭다는 정도다. 모험을 추구하거나 사회적 지위가 중요하고 인정 욕구가 강한 사람이라면 받아들이지 못할 라이프스타일이긴 하다. 조용히 산다고 그 안에 성장이 없을 리 없고, 행복이 자라지 않을 리 없지만 그 강도는 적극적인 사회 활동에서 얻는 자극보다는 매우 작으니까.

    더운 여름에는 하루면 시들어버리는 꽃 대신 책상 근처에 배치해둔 식물, 오식이의 초록초록함을 본다. 여기에 차에 맞춰 다구를 골라 간단하지만 흡족한 찻자리를 만든 다음 독서대에 책을 올리고 조용히 책장을 넘긴다. 장맛비가 매섭게 쏟아지는 7월에는 책상 앞에 앉아 한동안 이른 아침의 빗소리를 듣기도 했다. 다른 날에는 공책을 펼쳐두고 붓펜으로 한문 여덟 글자를 쓰기도 한다. 붓글씨는 한자를 외운다는 느낌보다 차분함을 수양하고 그림 그리는 기분으로 임한다. 본격적인 일과 시작 전 천천히 한 획씩 그으며 잠깐 호흡을 고를 때 차도 한 모금씩 마시면 마음 수행이 따로 없다.

    추운 겨울에는 가습기를 켜고, 실내에서 입는 얇은 패딩 조끼를 걸치고 책상으로 간다. 역시 보리차를 한 주전자 끓여 곁에 두고 목이 건조하지 않도록 틈틈이 마신다. 이런 소소함을 주요하게 즐기는 여백의 시간이라니. 은둔자의 집은 커다랗지 않아도 된다. 책상 크기만 한 곳일지라도 내 정신은 그보다 더 큰 우주를 탐험할 수 있기에.

한때 사자가
되고 싶었던 직장인

새벽 5시는 아직 어두워서 조금 더 침대에서 웅크리고 있고 싶은 때다. 치명적인 약속이 없다면, 예컨대 비행기 탑승 시간을 놓친다거나 하는…. 그러면 감당해야 할 비용뿐 아니라 모조리 어그러질 일정으로 막대한 수준의 손해를 감수해야 하므로, 그런 정도가 아니라면 마음껏 게으름을 피우거나 이대로 조금 더 자도 좋겠지. 그러나 나는 나와의 약속을 지키기 위해 5시 알람 소리에 눈을 떴다. 가끔 너무 피곤한 날에는 조금 더 자고 일어나긴 했지만 일찍 일어나서 얻는 출근 전 2시간의 여유 시간이 결코 넉넉하진 않았다. 일어나자마자 1시간 정도 글쓰기. 그래, 이를 위해 새벽형 인간이 되었다. 사실 쫓기고 있기도 했다. 원고 마감 기한이 다가오고 있었고, 나에게는 의뢰인과의 신뢰 관계를 유지하는 것이 중요했으니 성실하게 쓰고 또 썼다. 퇴근 후에는 심신이 피로해 도무지 집중할 수 없었지만 마음이 급해서 늦은 밤에 원고 작업을 하기도 했는데, 아침에 일어나 다시 읽어보면 흠, 무슨 이런 말들을 써놨지, 싶었다. 피곤한 머리로 창작 따위는 하고 싶지 않은 데다 효율도 안 났다. 차라리 일찍 자서 몸을 쉬게 한 다음 새벽 시간에 일어나는 편이 좋겠다고 스케줄 관리를 다시 했다. 아무래도 종일 사무 노동자로 일하며 인지 자원이 다 소모된 탓에 밤에는 두뇌 역시 지쳐 있었다. 그럼에도 자기표현 욕구를 충족시키고자 기꺼이 새벽형 인간으로 살아왔다.

"너무 피곤해요. 어제 밤늦게까지 유튜브 보다가 4시에 자고 일어나 겨우 출근했어요." 이런 말을 하는 직장 동료도 여럿 만났는데 일종의 보상 심리로 퇴근 후 자기 시간을 가지고 싶어 '영상 마라톤'을 뛰다가 잠 못 드는 경우가 왕왕 있었다. 그러니 다음 날 반쯤 졸린 눈으로 커피를 연거푸 마셔댈 수밖에. 반면에 나는 어두울 때 일어나서인지 혹은 잠이 모자랐는지 종종 몸이 개운하지 않았고 머릿속이 뿌옇기도 했다. 새벽형 인간이 되려고 수면 시간을 30분씩 당기며 10시에 잠들었고, 5시 기상에 성공했지만, 이른 시간에 잠자리에 든다 해도 바로 잠들지는 못했기에 수면의 질에 따라 몸의 회복이 더디게 느껴지는 날이 꽤 많았다. 그럼에도 나에게는 압박감이 뒤따르는 할 일이 있었으므로 수년간 새벽에 일어나 하루를 열고 회사에 출근했다. 그때 나는 생체시계 역시 의지와 습관으로 조정된다고 확신했다. 내 몸의 시차와 들어맞지 않아서 늘 조금은 졸린 상태였지만 항상 그렇듯이 몸은 차차 적응해나갔다. 불이 꺼지지 않는 도시에서 하루 주기란 무의미해 보인다. 환하게 밝힌 사무실 천장등 아래에서 수시로 야근했던 회사원 시절을 돌이켜보면 해가 져 어둠이 내려도 실내에 있는 내 몸은 여전히 각성 상태였으니까.

사람마다 가장 생산성이 좋은 시간은 유전적으로 이미 정해져 있다고 한다. '수면 크로노타입'이라 부르며, 언제 잠들고 깨어나 활동하느냐에 따라 사자형, 늑대형, 곰형, 돌고래형으로 나뉜다. 이른 새벽부터 활동하는 인간은 사자형, 야행성은 늑대형, 날이 밝으면 움직이고 어둑해지면 피로를 느껴 잠잘 태세에 돌입하는 가장 흔한 유형은 곰형, 들쑥날쑥한 리듬으로 살면 돌고래형이다. MBTI처럼 한 사람의 타고난 생체 리듬 패턴에 따라 회복에 적합한 수면 및 생산력이 좋은 시간대를 동물 유형으로 분류한 연구는 온라인에서 무료로 테스트를 제공한다. 나는 나를 더 잘 알고 싶어서 유행하는 '자가 진단 테스트'는 적극적으로 해보는 편인데, 예를 들어 내가 어떤 옷을 입고 어떻게 메이크업을 하면 좋은지 유료 퍼스널컬러 컨설팅을 받아보기도 했다. 숨겨진 개성을 잘 발현해서 더 매력적인 모습으로 나를 가다듬을지 모른다는 기대로 시작하지만 결국 오랫동안 옷을 샀던 경험으로 어떤 컬러가 내게 어울리는지 이미 알고 있으며 안다고 해도 테스트 결과대로 내게 어울린다는 빨간색 계통의 옷을 즐기지는 않는다. 마찬가지로 일주기 리듬 역시 평생을 자신으로 살면서 내가 언제 가장 힘이 넘치는지 알고 있다. 밤샘을 남들보다 잘하는 사람은 늑대형일 확률이 아무래도 높지 않을까. 다만 아침에 출근하는 늑대형에게는 일찍 일어나는 것 자체가 고역이다. 아침형 인간을 유독 부러워하거나 혹은 미라클 모닝 같은 세태를 비난하는 경향이 있다면 산업시대의 통근하는 늑대들일지도. 사자형은 산업 시대에 맞춤인 시간 리듬을 가져서 사회가 선호하는 유형일 뿐이다.

태어날 때부터 유전적으로 가장 생산성이 좋은 시간이 정해져 있다는 연구처럼 사람마다 타고난 체질에 따라 최고의 컨디션이 올라오는 때는 다르다. 나는 추운 겨울이면 동면에 가까운 상태로 머리도 몸도 원활하지 않고, 여름이면 심신의 에너지가 최고로 올라가는 타입이다. 내 친구는 여름이면 맥을 못 출 만큼 기운이 없지만, 겨울에는 머플러조차 답답하다고 하지 않는다. 얇은 패딩 위에 두꺼운 패딩을 겹으로 입을 만큼 꽁꽁 싸매고 다니는 나와 확연히 비교된다. 이 모든 걸 조합할 때 사람이 활기차려면 유전부터 계절, 날씨, 일주기 리듬, 호르몬, 수면과 식사 등 너무 많은 요소를 고려해야 한다. 이쯤 되면 좋은 컨디션이란 1년에 몇 번 되지 않음이 당연하다.

나는 일부러 사자형 인간으로 살려고 애를 썼지만(애플 최고 경영자 팀 쿡이 7시간 숙면을 취하고, 새벽 4시쯤부터 활동하는 대표적인 사자형이다. 그에 비하면 새벽 5시 기상은 사자형 인간이라 보기엔 어렵더라도) 그냥 농경시대 리듬으로 사는 평범한 종달새(달리 말해 곰형)였다. 해가 뜨면 일어나고 오전 중에 에너지가 가장 좋고, 점점 사그라들면서 해가 지면 에너지가 완전히 꺾이는 유전자다. 미라클 모닝과 사자형 모두 보통의 사람보다 일찍 하루를 시작한다는 면에서 일견 성공한 삶을 가져다줄 것 같다. 그렇다고 밤에 활동하는 늑대들이 굶어 죽었다는 소리는 듣지 못했다. 돌이켜보면 아침이라는 특정 시간대보다는 자신이 목표한 바가 있다면 적합한 시간에 매일 적당량의 과제를 하는 편이 중요하다. 타고난 리듬대로 살아가면 그만인 셈이다. 그럼에도 내가 이른 아침에 집착한 이유는 당연하게도 출퇴근 시간 때문이었다. 하루에 8시간 근무라지만 점심과 통근 시간을 모두 더하면 대략 11시간을 할애한다. 여기에 가끔 야근을 하면 개인 시간은 더욱 줄어든다. 하루의 절반을 회사에서 보내고, 적어도 7~8시간을 자야 유지되는 체력을 고려하면 내가 유용할 시간이라고는 4~5시간 정도에 불과한데 이 안에 운동, 개인 작업, 공부를 하며 친구까지 만나기란 무엇 하나를 포기하면서 시간을 쓰지 않는 한 불가능하다. 더군다나 집안일과 식사까지 제대로 챙겨야 한다니. 나는 삶의 균형에 집착했음에도 가장 먼저 교우 관계와 사교 생활을 최소화했다. 부족한 유대감은 틈틈이 들여다보는 소셜미디어로 충족했다. 결국 사람은 가장 중요하다고 생각하는 가치를 위해 상대적으로 중요성이 떨어지는 것들을 포기해가며 시간을 쓸 수밖에 없다. 그러다 또 결핍된 부분이 커지면, 예를 들어 내 경우에는 한동안 소홀히 했던 게 대인 관계인데, 다시 거기에 집중했다. 지금은 디지털 사교가 아닌 실제로 사람들을 만나며 살아간다. 한 번에 삶의 모든 균형을 잡기는 어려워도 길게 보면 시간차는 있지만 본능적으로 결핍을 채우는 방향으로 움직인다.

직장인에게는 주말이 있다. 적어도 일주일에 이틀은 푹 쉰다. 이때는 평일의 긴장이 완전히 풀려서 한없이 게을러질 수도 있지만 나는 몸이 무겁지 않은 한 기계적으로 주말에도 일찍 일어나 하루를 시작하곤 했다. 나에게 주말은 부족한 업무량을 보충하고 자료 조사 차원의 독서도 하고, 가끔 강연을 준비하거나 원고를 썼다. 일련의 일을 마치면 휴식차 전시나 공연을 보러 가기도 했지만 대부분 일과 휴식이 분리되지 않은 상태가 이어졌다. 적어도 내가 즐기는 일을 했기에 그다지 힘들지 않았다. 구상이 잘되지 않거나 글이 물 흐르듯 써지지 않을 때는 답답했지만 직장에서 남에게 받는 스트레스만큼 부담이 크지 않았고, 부수입도 생기니 일에 많은 시간을 쓰는 것은 만족스러웠다. 게다가 오롯이 내 이름을 걸고 펴내는 결과물이 주는 보람은 상당해서 개인 작업을 계속해나갈 동력이 되기도 했다. 어쩌면 그냥 습관일지도 모른다. 들어오는 일은 거부하지 않아, 원래 프리랜서란 한번 일을 거부하면 다시는 일이 들어오지 않을까 봐 염려하며 무리한 스케줄을 소화하는 사람들이다. 앞날이 보장되지 않는 직장보다는 적어도 내 것을 하는 편이 나에겐 잘 맞았다. 이직할 때도 이를 고려해 업무 강도가 너무 센 곳들은 자연히 피했다. 세상 모든 일은 겉으로 좋아 보여도 함정이 도사리는 법이라 내가 점점 지쳐가고 있다는 걸 뒤늦게 알았지만. 기운이 넘칠 때는 밀도 높게 시간을 쓰기도 했다. 그때는 그 생활이 맞았다.

아무리 좋아하는 일이라 할지라도 납품일과 거래 상대가 있는 모든 업무는 취미 생활이 아니기에 긴장 상태로 임하는지라 몸에 탈이 나기 마련이고 나는 사자형 직장인 생활에 지치기 시작했다. 수면 부족이 가장 큰 원인이었다. 풀타임 직장을 그만둔 이후로 시간이 넉넉함에도 여러 일을 조금씩 골고루 한다는 집착을 버리고, 집중력을 끌어올려 임해야 하는 일은 하루에 최대 세 가지 정도만 하자고 정했다. 시간을 구분 지어놓지 않으면 내가 하루 종일 빈둥거리며 책이나 읽을 것을 너무나 잘 알기에 지금은 이렇게라도 스케줄을 관리한다.

유유자적 라이프

나의 월요일은 새로운 일요일이다. 어느 곳이고 사람이 붐비지 않는 가장 한가로운 날을 택해서 놀러 다니는 날이다. 겨울쯤에는 역시 찜질스파를 한 번씩 해줘야 냉기에 휩싸인 몸이 편안해진다고 여겨 문 여는 시간에 맞춰(개장 전에 청소를 하고 물을 갈 테니 깨끗할 거라는 생각에) 집을 나선다. 이참에 전국으로 온천 여행이나 떠나볼까 하는 한량한 계획도 세워보지만, 추운데 짐을 바리바리 꾸려서 어딘가로 떠나는 것 자체가 큰 귀찮음을 동반하기에 바로 마음을 접는다. 역시 집 근처에서 노는 게 최고야. 아직까지는 짧은 이동 거리를 사랑한다. 어딜 가나 소지품이 가볍고, 언제라도 쉽게 안전지대(집)로 돌아갈 수 있고, 게다가 집 근처에 가볼 만한 장소도 매우 많다. 그렇다 해도 건강 증진을 도모하는 활동에만 마음이 가지만. 내 몸의 초과된 체지방을 태우거나, 어딘가 찌뿌둥해진 몸을 이완할 때 대체로 만족감이 급상승한다. 지난날의 낙관주의 연습 덕분인지 아니면 유유자적 라이프에 완벽하게 적응해버린 탓인지 불투명한 미래의 무언가를 앞서 고민하기보다 지금 할 일에 집중해 삶의 만족도는 매우 높다. 너무 추운 날에는 이불 안에서 무턱대고 꼼지락거리기도 하면서 자유롭게 내 시간을 누린다.

'겨울은 겨울이네~' 하는 날씨에 기분 좋게 집 밖으로 나와 스파에서 찜질로 몸을 풀고 병풍처럼 둘러진 산을 바라보며 따뜻한 족욕을 한다. 릴랙스룸에서 멍하니 누워 있다가 온탕에 들어가 몸을 푸는 산뜻한 마무리까지. 지나친 찜질이 오히려 피부에 해로울까 봐 오래 머물지는 않는다. 게다가 집에 가서 건강식으로 점심을 먹어야 하니까. 나의 또 다른 외출의 목적을 떠올린다. 찜질스파 근처에 있는 로컬푸드 판매점에서 채소 사기.

'여긴 채소 업계의 다이소야!' 적은 양의 채소를 990원 균일가에 파는 코너에서 한 줌이지만 치커리와 케일을 장바구니에 넣으며 살짝 흥분했던 지난여름, 그때 이상기후로 채소값이 무자비하게 올랐었다. 그런데 이곳만큼은 숨통이 트이는 가격대여서 정기적으로 방문했다. 시장에서 햇볕에 말라 비틀어진 '안' 싱싱한 채소를 저렴한 값에 사고 싶진 않았다. 양질의 채소를 비교적 싸게 구해야 집밥 먹는 즐거움이 배가 된다고!

씹을 때 연한 노지 당근, 속이 꽉 찬 양배추, 단단한 육질의 표고버섯…. 만족스럽게 장을 보고 집으로 돌아오면 늘 식료품 비용의 세부 항목까지 입력해 가계부를 쓴다. 뭐, 가계부라고 하기엔 다소 애매한 부분도 있지만 물가 감각을 익히기 위한 내 나름의 도구다. 브로콜리는 제철인 겨울이 되면 값이 내려간다. 여름에 브로콜리가 얼마나 비쌌던지. 그때는 같은 십자화과 채소인 청경채를 먹어야 했는데! 뒤늦게 파악하는 제철 감각이다. 아직 살림 고수가 되진 못했지만, 경험치가 늘면 더 지혜롭게 먹고 살겠지. 장보기는 어느새 나의 새로운 생활 오락으로 자리 잡았고, 소비 가격 정리도 놀이가 됐다. 가격 흐름을 알면 물가가 얼마나 올랐는지, 또 지역별 나라별 물가를 비교할 때도 유용하다. 흔히 국내 물가상승 지표는 짜장면값이 기준이고, 나라별 물가 차이는 빅맥지수를 말하나 이런 음식을 안 먹는 나로서는 피부에 와닿지 않는 수치다. 대신 채소라면 더 친숙하게 물가 비교가 가능하다. 어디에서 살든 생활비란 결국 식비가 가장 크니 적은 자원을 지혜롭게 활용하는 경제 감각을 익히는 중이…라기보다 사실은 절약이다. 프리랜서로 일해 수입이 들쑥날쑥하다 보니 소비를 일정하게 한다.

돈이 많지 않아도 시간을 넉넉하게 쓰고 싶다는 마음이 강해질 무렵 우리나라에 청년 '프리터족'이 늘고 있다는 기사를 읽었다. 2030 세대가 취업난으로 아르바이트를 하며 평균 100만 원가량을 번다는 내용이었는데, 만약 월세까지 그 소득금액으로 충당한다면 정말 우리나라에서는 최소 생계비에도 못 미치는 돈이다. 고학력 실업자가 널린 시대를 한탄하기 전에, '주도적으로 살아간다는 게 어디야. 그것만으로도 이미 훌륭해'라는 생각이 먼저 스쳤다. 나는 자립한 사람들에게 늘 호감이 간다. 내 경우 작은 자립 기반을 닦은 후에 시간을 누리는 요즘이라서 청년들과 같은 입장이라고 보기에는 어렵다. 다만 취업을 하고 집을 사고, 연애를 하여 가족을 만드는 단계가 보통의 삶이라 믿어왔던 세태가 앞으로 더는 평범함이 아니라는 것만은 분명해 보인다. 일종의 반문화적 현상이 뉴노멀로 자리 잡아간다는 점에서 세대 차이를 떠나 어떤 동질감을 느낀다. 나도 내 또래 주류 문화에서 바라봤을 때는 비주류의 삶을 살고 있기에.

우리나라보다 10년 앞선 사회 현상을 겪는 일본에서는 프리터족이 오래전부터 존재했다. 정규직으로 취업하기 어려운 현실 속에서 젊은이들이 아르바이트로 생계를 유지하며 자유롭게 사는 것이다. 한창 일할 나이인 이삼십 대의 청년들이 먹고살 정도만 번다는 이유로 미래를 포기했다고 평가하기 어렵지만, 인공지능을 탑재한 로봇까지 등장한 마당에 양질의 일자리는 줄고, 고학력 인력은 많아진 시대에 우리는 무엇을 할 수 있을지 막막한 것도 사실이다. 일본의 25세 유튜버 오쿠다이라 마사시는 하고 싶은 일을 하기 위해 취업하기보다 자기 시간을 누리기로 결정했다. 집에서 요리하는 즐거움을 아는 산업디자이너 지망생이라서 좋은 부엌 용품을 갖추고 직접 도우부터 반죽해서 피자를 굽거나 가정식을 정성스레 차려내는 삶을 산다. 생활비 150만 원으로 도쿄에 살며 월세는 48만 원, 식비는 15만 원 정도를 쓰며 살아간다고. 그는 취업하지 않았지만, 유튜브로 일상을 찍어 올려 인플루언서가 되었고, 그 일이 직업이 되어 기업에서 영상 의뢰를 받거나 주방 용품 디자인을 협업하면서 집에서 일하는 직장을 창조했다. 유튜버는 나의 청년 시절에는 존재하지 않았던 직업이다. 프리랜서란 보장된 고정 수입이 없는 사람들이라 그에게 앞날이 불안하지 않느냐고 묻는데 정작 그는 지금 하는 일들이 사라져도 온갖 아르바이트로 살아갈 각오가 되어 있다며 취업에 연연하지 않는다. 자기 자신을 믿는 젊은이의 모습에서 진정한 자유로움이 느껴진다. 일주일에 이틀만 간병인으로 일하며 최소 생활비로 연명하는 것도 가능할까? 하기 싫은 일을 피하다 보니 결국 칩거하게 되었다고 하는 오하라 헨리 작가는 남는 시간에 식사를 직접 만들고, 책을 잔뜩 읽고 결국 자신의 라이프스타일을 기반으로 책을 두 권이나 냈기에 작가가 되었다. 여유 시간이 주어지니 사람들은 창조적인 일에 몰두한다. 노동자 계급에서는 셰익스피어가 나올 수 없다는 말을 떠올려보면 예나 지금이나 공동의 목표(혹은 남의 일)를 위해 달리다 보면 내 일을 할 시간적, 심적 여유가 없음은 분명하다. 하고 싶은 일이 확고하게 있는 사람이라면 유유자적한 시간이 절대적으로 필요하다.

내가 책으로 알게 된 일본의 젊은 칩거 생활자들은 자기 자신의 시간을 주도적으로 누린다는 중심축을 두고 나머지를 후순위로 안배했다. 우리나라는 행복 1순위로 돈을 꼽는 경향이 강해서인지 내겐 젊은 나이에 불안정하면서도 탈물질적인 결정을 한다는 것 자체가 용기 있게 느껴진다. 어릴 때 한 번쯤 꿈꿔볼 만한 출세를 중요하게 여기지 않는 몇몇 젊은이(그러나 이 같은 결정으로 유튜버, 작가로 이름을 알렸다는 아이러니가 있지만)들을 보며 성취 지향, 여유 만끽이라는 상반된 라이프스타일을 모두 겪어본 나는 두 가지 반대되는 삶을 비교해보게 된다. 시간을 쪼개 쓰며 열심히 사회에 동화되어 돈을 지금보다 일정하게 벌던 때는 자신에게 물질적 보상을 많이 했다. 집밥보다는 외식, 값비싼 옷, 여행처럼 말이다. 이때는 물질이 주는 즐거움이 있었다. 새로운 경험을 잔뜩 할 수 있어 좋았지만 반대로 덜 벌어도 자유롭게 지내는 지금은 자극은 거의 없어도 시간적 여유라는 엄청난 편안함이 자란다. 게다가 여유 시간이 많아서 무엇이든 나 스스로 과제를 찾아 자율적으로 한다는 점도 좋다. 누구나 바라는 삶은 돈 많은 한량이겠지만, 이 또한 무위도식보다는 자신이 좋아하는 일을 주도적으로 한다는 즐거움이 덧붙여져야 더 좋겠지.

"월 120만 원 현금 흐름으로 은퇴? 우리 가게 알바생이

한 달 일하면 200만 원 넘게 버는데, 대체 그 돈으로 어떻게 살아?"

나의 전작 『자유의 가격』에서 밝힌 내 은퇴 계획에 친구는 4인 가족의 식비도 안 되는 돈이라고 비현실적이라는 뉘앙스로 말했다. 내겐 기본적인 인간다운 생활을 위한 최소한도의 지출이 이 정도지만(이 글을 쓰는 시점에 원화 가치 절하, 경제성장 하방 리스크 상승, 인플레이션 등 암울한 경제 지표에 이젠 자신할 수 없는 예산이 되어버렸지만), 즐겁고 건강한 삶을 위해서는 운동 레슨비도 필요하고, 여행 가고 싶을 때는 가고, 가끔 입기에 편하고 보기에도 좋은 옷도 사야 하며, 규칙적으로 돌아오는 명절과 각종 경조사에 지출할 돈도 필요하니까…. 맞다, 최소생활비만으로는 시간적 여유는 즐겨도 물질적 여유는 누릴 수 없다. 나는 최소 비용으로 살아갈 자신은 있지만, 의욕이 있을 때는 더 일하며 물질적으로 크게 고민 없는 삶을 누리고도 싶다. 두 마리 토끼를 다 잡을 수도 있지 않을까. 적절한 노동과 투자를 계속하며 시간적·마음적 여유를 즐기는 방법도 어딘가에 있을 것이라고 믿고 싶다.

루틴의 균형 감각

철학자 임마누엘 칸트는 새벽 5시에 일어나 차와 담배 한 대로 아침 식사를 하고 강의 준비와 집필을 했다고 한다. 칸트는 그의 사상에 앞서 규칙적인 생활이 대중에게 훨씬 더 잘 알려져 있는데, 구체적으로 정리해 보면 이렇다.

- 독서, 사색, 집필 등은 잠들기 15분 전에 마치기.
- 밤 10시 30분쯤 잠자리에 들어 아침 5시에 기상.
- 점심때는 손님과 대화하며 식사하고 이후에는 식사

를 하지 않고, 저녁 약속은 잡지 않는다.
- 혼자 산책하며 사색하기.
- 보통 저녁 6시부터 밤 10시 15분까지 독서하기.
- 평생 여행하지 않았고, 독신이었다.

지적 생활은 숙면과 직결된다고 여긴 칸트는 이를 위해 몸의 항상성이 깨지지 않도록 일관된 일상을 보냈고, 그렇게 얻은 명료한 정신으로 공부와 연구를 이어갔다. 나는 잘 자는 사람을 볼 때면 늘 배터리가 100퍼센트 충전된 핸드폰을 연상하는데, 하루에 쓸 에너지가 많으면 생산성 역시 비례해 높아지기 때문이다. 이와 반대로 수면의 질이 떨어지는 경우는 배터리 수명이 거의 다 되어 아무리 오래 충전해도 다 채워지지 않는 모습과 같다. 게다가 조금만 폰을 써도 배터리 잔량이 빠르게 줄어드는 황당함까지도 닮았다. 사람마다 사용 가능한 하루치 에너지는 다른 법이지만, 몸이 약했음에도 80세까지 살아 세상에 길이 남을 지적 업적을 남겼던 칸트처럼 규칙적으로 산다면 에너지 부족의 핸디캡은 어느 정도 극복할 수 있을지도 모른다. 칸트의 일상을 담은 책에서 다루진 않았지만, 곰곰이 생각해보면 칸트가 타고나길 숙면하는 사람이라면 양질의 수면에 크게 신경 썼을 리 없다. 그도 불면에 시달렸기에 숙면에 집착했다고 보는 편이 맞지 않을까. 어디까지나 나의 추측일 뿐이지만…. 틀에 박힌 일상을 보내며, 자신의 과제에 집중한 그의 생애는 오늘날의 사람이 보았을 때 무자극 자체라서 즐거워 보이는 부분은 단 하나도 없으며, 오직 지적인 외길을 걷는 수행자 같기도 하다.

서양에 칸트가 있다면, 내가 아는 동양의 일일신우일신의 대명사는 중국 원나라 시대의 서예가 조맹부다. 매일 아침 일어나 몸을 씻고 글씨를 연습하는 습관을 다섯 살 때부터 길러 유지했다고 전해진다. 그의 어머니는 조맹부에게 아버지 없는 자식 소리를 듣지 않으려면 열심히 공부하라고 훈계했고, 이를 원동력 삼았는지 조맹부는 단련을 거듭해 경지에 이르렀다. 그가 송나라 조씨 황실의 후손이라는 태생적 배경이나 이후 원나라에 충성했다는 이유로 논란거리가 있는 인물이라는 점은 차치하더라도 도를 닦듯 자신이 하고자 하는 일에 몰두하는 뛰어난 의지력만큼은 작심삼일 일반인에게 귀감이 된다. 그처럼 매일 같은 시간에 한 분야를 깊게 훈련한다면 나날이 발전할 수밖에. 내가 조맹부에게 배운 성취형 루틴은 '언제'라는 시간대다. 그가 글씨 쓰기에 재미를 느꼈기에 계속했을 거라 짐작되긴 하나, 일어나자마자 가장 먼저 시간을 썼다는 점이 흥미로웠다. 가장 기운이 넘칠 때 진심으로 하고 싶은 일을 한다면 하루의 시작이 얼마나 뿌듯할까, 이런 상상을 해본다.

21세기에도 지적 목표에 집중하는 인물들은 크게 다르지 않은 면모를 보인다. 필즈상을 수상한 수학자인 미국 프린스턴대학교의 허준이 교수는 매일 같은 점심 메뉴를 먹는다고 한다. 《동아사이언스》에서 읽은 그의 인터뷰 기사는 연구에 몰두하기 위해 자극원을 제거한 그의 라이프스타일을 소개하는데, 대체로 단조로운 연구실 풍경과 늘 비슷하게 흘러가는 하루, 그리고 매일 똑같은 점심 메뉴다. 새로운 메뉴를 고르고 맛보면 정신이 산만해지고 이는 그에게는 불필요한 자극이라고 한다. 이와 비슷하게 미국 드라마 〈영 셸든〉에서는 천재 물리학자 셸든의 은사 존 스터지스 교수가 셸든의 할머니 미모와 데이트를 하며 디저트로 항상 바닐라아이스크림을 주문하는 모습이 나온다. 이는 위대한 물리학자 리처드 파인만을 따라 하는 것으로, 존은 살면서 결정할 일 하나를 줄이기 위해서라고 말한다. 물리지 않느냐는 미모의 질문에 35년 동안 적어도 하루 반을 아꼈을 거라며 뿌듯해한다. 확고한 목표가 있는 사람은 최우선 과제에 집중하기 위해 덜 중요한 요소를 철저히 배제하거나 단순하게 만드는 경향을 보인다.

    지식인들의 시간 관리법을 모을 때면 루틴의 힘이 엄청나다는 걸 느끼고, 역시 자극을 최소화하여 가장 중요한 일에 에너지를 몰아 쓰는 방법이 정답이라며 고개를 끄덕이게 된다. 그러나 정작 야심 차게 시작한 지적 루틴은 결국 며칠 만에 의지 부족을 호소하고 만다. 에너지를 조금만 써도 즉각적인 만족을 주는 가벼운 책을 읽거나 드라마를 본다거나 하면서…. 고차원적인 일은 힘드니까 어느새 하고 싶지 않다. 일부러 애를 쓰지 않아도 진심으로 좋아서 하는 일이 있는 사람에게는 억지로 만든 계획표는 불필요하겠지. 마음속 청사진을 따라가면 될 테니까. 흔히 말하는 밥 먹는 시간도 아껴가며 공부하는 우월한 심리적 자질을 가진 비교군에 빗대어 내 삶을 설계하면 역량 차이만 확인하고 의기소침해질 뿐이라서 그저 평범한 사람에게는 보통의 행복이 있다고 위안을 삼는다. 가끔 의지력이 떨어져 모든 일과를 실천하지 않았다고 자책할 필요도 없고 말이다. 루틴은 수단에 불과하며 그 자체가 목적이 되지 않는다. 그저 불현듯 찾아온 방황의 날에도 다시 돌아갈 집이 있다는 안정감이면 충분하다.

지금의 나는 삶을 균일하게 유지하고자 하는 균형 지향자다. 일은 좋아해도 가사와 운동 같은 부류를 싫어하는 사람도 있고 반대로 운동하는 건 좋지만 공부하기는 싫다는 사람도 있다. 나도 한때 편향된 사람이었건만 한쪽으로 치우치면 부족한 부분에서 늘 탈이 나기 마련이라서 이제는 삶의 어느 한 영역이라도 소홀히 하지 않으려 에너지를 고루 나눠 쓴다. 하기 싫지만 필요한 영역에서 강제 계획표를 짜고, 최소 10회는 해보자고 약속했다. 성공과 실패를 반복하며 이어가는 균형 지향자의 일과표에 좋아하는 일은 넘치지 않도록, 싫어하는 일은 부족하지 않도록 신경 쓰면서. 이때 루틴은 균일한 품질의 삶을 살게 하는 매력적인 기술이다.

○
차분한 열정

아침에 눈을 뜨면 제일 먼저 집의 커다란 창을 모두 열어 오늘의 첫 번째 아침 에너지를 흡수한다. 미지근한 물을 천천히 마시면서. 다음은 헤어 브러싱으로 두피 마사지를 꼼꼼하게 한다. 아침 식사 준비를 대충 해두고 20여 분간 명상과 스트레칭을 한 뒤 피부 관리로 넘어간다. 거품을 잘 내어 얼굴을 보드랍게 마사지하듯 세안하고 말간 안색만큼 편안한 상태로 얼굴에 보습제를 꼼꼼히 바르고 마사지를 한다. 이 정도면 끝. 그다음 잔잔한 쇼팽의 피아노곡을 배경 삼아 식사 준비를 한다. 흐르는 물에 채소를 씻는 순간마저 하나의 명상인 듯 낭비 없는 움직임으로 임한다. 머릿속이 과거나 먼 미래 시점으로 잠시 방황할 때도 있지만 대체로 눈앞의 일에 집중한다. 정확히 말하자면 손과 머리가 따로 노는 시간보다 바로 다음 단계를 연상하는 수준이라 그다지 분주하지 않은 상태다. '아, 신기하네. 몸이 알아서 움직이고 있어.' 나는 여태까지 차분함을 얻기 위해 살아왔다. 과장이 심한가 싶을 테지만⋯ 유명한 광고 카피처럼 '흔들리지 않는 편안함'이 최고의 상태임을 알아서다.

차분함은 저항감 제로 상태에서 움튼다. 가랑비에 옷 젖듯 수십 번에서 수백 번 계속하다 보면 언젠가부터 몸이 알아서 움직인다. 예컨대 운동을 다녀오면 바로 운동복을 세탁기에 집어넣고 빨래를, 외출 후에 옷을 걸어 바람이 통하는 곳에 두거나 가방 속을 비우는 소소한 정리를 바로바로 하면서도 미량의 에너지만 소모한다. 매우 기계적인 몸짓으로 하나씩 해나갈 뿐 여기에 '하기 싫어' 혹은 '도대체 왜 해야 하는 거야' 같은 고뇌는 존재하지 않는다. 그냥 좋은 습관이 들었다고 만족해도 되지만 이는 반쪽짜리 차분함일 뿐이다. 차분함이 더욱더 자라려면 시간에 쫓기지 않아야 한다. 마음이 조급하면 호흡이 가빠지고, 몸을 빨리빨리 움직여 같은 일에 더 많은 에너지를 쓰게 되므로 지친다. 느긋하게 마음먹고 규칙에 따라 스텝을 밟고 다음 스텝으로 옮겨가며 엉킴 없이 움직이는 수준에 이르면 머리를 덜 써도 되는 일상적인 단순노동은 크게 힘들이지 않고 해낸다.

 나쁜 습관은 쉽게 생긴다. 자극 추구와 에너지 절약을 좋아하는 건 본능이라서 아무 어려움이 없다. 마음껏 먹기, 씻지 않고 바로 잠들기, 청소 미루기 등 상상만 해도 당장은 편할지 모르나 장기간 반복하면 심신이 망가질 삶의 패턴이다. 흔히 말하는 좋은 습관을 들이고 '싶다'의 진정한 뜻은 대개 하기 싫지만 해야만 하는, 어느 정도 고통이 뒤따르는 활동을 해보겠다는 각오일 테다. 다만 세간에 알려진 대로 습관을 만드는 데 21일이 걸린다는 연구 결과는 모두에게 통용되지 않는 게 함정이다. 같은 목표임에도 사람마다 너무나도 다른 시간이 걸린다. 심리적으로 커다란 충격을 받으면 즉시 새로운 습관과 살아가기도 한다. 자신의 외모를 향상해야 무너진 자존감이 회복된다고 믿는 사람은 누가 시키지 않아도 알아서 체육관에 가듯이. 강력한 결핍이나 보상이 가져다주는 동기 부여 없이 의지만으로는 몸이 오래 따라주지 않는다. 하고 싶지 않거나 익숙하지 않은 일을 할 때 평소보다 에너지가 많이 쓰이니 몸의 입장에서 낭비다. 오늘날에는 주로 돈으로 부족한 의지를 메꾼다. 청소대행업체에 연락하거나 요리가 싫으면 배달이나 포장 음식으로 연명하는 쪽이다. 교육도 마찬가지로 운동 클래스, 외국어 등 학원에 의존한다. 그렇다고 돈이면 다 되느냐? 아니다. 교육 업계의 작은 기부자로 전락하는 경우가 많다. '돈으로도 의지를 사지 못하는 사람은 나쁜만은 아닐걸?' 이렇게 자기 합리화를 하지만…. 결석한 수업료가 도로 입금되지 않는 한 돈이 아까운 건 사실이다. 자신을 향한 실망감도 차곡차곡 적립된다. 게다가 이 모두는 돈이 넉넉하지 않은 경우 지속하지 못한다.

저항감 제로, 여유로운 시간관념 외에 차분함을 키우는 가장 필요한 마음가짐은 지연 보상이다. 당장 아무 결과가 나오지 않고, 아무 성취감도 없음을 받아들이는 것 외에는 방법이 없다. 일도 그렇지만, 공부나 운동 역시 얼굴만 들이대면 바로 화면이 켜지는 스마트폰과는 다르다. 책상에 앉아 책을 펼쳐야 하고, 운동복으로 갈아입어야 하며 그날의 진도를 마쳤다고 유의미한 결과가 나오리라는 보장도 없다. 책 몇 줄을 집중해 읽으며 예열하는 동안 머릿속에 방황하는 시간이 생기고, 내용이 어려우면 더 오래 집중하지 못한 채 포기하고 싶어지기도 한다. 소위 말하는, 과정을 즐기지 않으면 계속하기 어렵다.

하루 1800칼로리를 섭취하고 난 후 기초대사량과 활동 칼로리를 빼면 오늘의 남은 칼로리라는 신체적 열량 개념은 잡혀 있고, 스마트워치로 활동량 계산도 가능하지만 정신력 만큼은 도무지 총량을 모르겠고, 남은 양이 얼마나 되는지 알지 못한다. 집중력, 의지력은 눈에 보이지 않지만, 보통 체력과 커플링 되어 있긴 하다. 가끔 체력이 급격히 떨어져도 정신력으로 또 버티기도 하니까 완벽하게 비례하지 않는 듯도 하고. 정말 알 수 없는 세계 아닌가! 여태 살아오면서 느낀 바는 강렬한 보상을 세팅한 경우에만 정신력이 급속도로 커졌다. 인생에 돈벌이가 전부는 아니라지만 나를 포함한 대부분의 사람들은 돈이나 인정 욕구처럼 큰 보상이 있는 과제를 삶의 우선순위에 둔다. 출근하기 싫은 날도 몸을 일으키게 만들고, 궂은일도 참고 하면서. 아무리 피곤해도 내 삶을 바꿀 열쇠라 굳게 믿는 시험공부가 있다면 퇴근 후에도 눈을 부릅뜨고 공부에 집중한다. 동기부여는 분명 성취 열망에서 생겨나지만, 작심삼일이나 번아웃으로 끝나는 까닭도 역시 과도한 열망 탓이다. 이게 무슨 뫼비우스의 띠 같은 소리인가 싶겠지만, 내 경우 기대감이 클수록 빠르게 지쳤다. 그래서 언젠가부터 보상을 바라지 않고 무엇이든 작게 시작해서 하나하나 해나가고 있다. 기대가 작을수록, 아니, 기대 자체를 망각할수록 오래 유지되는 차분함이 있다.

아침부터 저녁까지의 할 일을 대부분 매끄럽게 잘 마친 다음 잠옷으로 갈아입고 포근한 침대에 누웠을 때, 마음에 거슬리는 게 하나도 없는 하루의 힘은 분명 차분함으로부터 나온다. 달리 말하자면 평정심이다.

영혼에 바치는 장미

프랑수아즈 사강의 소설 『브람스를 좋아하세요…』에서 폴은 실내장식가로 일하는 39세의 여자다. 그녀의 집중력은 옷감의 견본이나 늘 부재중인 한 남자 로제에게 향해 있다. 책 한 권을 읽는 데 엿새가 걸리고, 어디까지 읽었는지 해당 페이지를 잊곤 하며 음악과는 아예 담을 쌓고 지내는 폴에게 연하의 남자 시몽(그에게 반한 25세의 젊은 변호사로 폴을 연주회에 초대하려고 한다)이 던진 짧은 질문, "브람스를 좋아하세요?"는 그녀가 의도적으로 피하고 있던 모든 질문을 환기시킨다. 자기 생활 너머의 것을 좋아할 여유를 그녀가 여전히 가지고 있는지를 말이다. 폴은 자신이 브람스를 좋아하는지 더 이상 알 수 없음에 망연해한다. 일과 관계, 무엇이든 한쪽에 자신을 온전히 쏟아붓는 삶을 살다가 바라는 대로 되지 않을 때 삶이 자신을 질식시키는 것처럼 느낄 때가 온다. 내가 선택한 모든 일들이 나를 부자유하게 만드는 상태. 머릿속 모든 생각이 그것으로 꽉 차 있고 그 외에는 비집고 들어갈 여유조차 없다가 문득 뜬금없는 질문이 잃어버린 나를 돌이켜보게 한다. 내겐 어느 날 퇴근하고 집을 둘러보니 집에 꽃이라곤 하나도 없고, 찻잔은 메말라 있으며 화분에 물을 주지 않은 지 벌써 2주째임을 자각했던 날이 그랬다. 예술을 향유하겠다는 한 톨의 마음도 없을 만큼 삶이 무미건조했고. '믿어져? 내가 브람스를 좋아하는지 어떤지 더 이상 알 수도 없다는 게.' 폴의 자조 섞인 가벼운 질문을 내게도 던져본 순간이었다.

가을은 브람스의 계절이고, 나는 세종문화회관에서 서울시립교향악단의 연주로 브람스의 현악 6중주 제2번을 듣고 집으로 돌아가는 길에 사강의 소설을 떠올렸다. 내 삶을 무채색으로 만든 건 역시 나였다. 좋아하는 일이라 믿었음에도 일상이 바쁘다고 거리를 두다 보면 어느새 삶에서 멀어지고야 만다. 좋아하는 마음만으로 계속할 수 없는 상황도 많으니까. 보통 시간이 없다는 핑계를 댄다. 취미 생활은 늘 여유로운 사람들의 몫이기에 그저 우선순위에서 한참 밀려난 중요하지 않은 일일 뿐이라고 여기면서. 이제야 넉넉한 시간을 부릴 줄 알게 되었고, 내게 좋은 것들을 많이 보여주고 싶다. 지난여름에 강릉아트센터에서 조성진 피아니스트의 연주를 들은 걸 마지막으로 1년 동안 공연을 보는 걸 멈추었다. 보통 밤늦게 끝나는 공연 스케줄 탓에 저녁 공기에 시달리고 싶지 않다는 이유로, 또 내겐 공연보다 수면의 질이 더 중요했으므로 내 삶의 최우선 순위가 아니라면 아주 작은 불편함만 생겨도 그만둬버린다.

그럼에도 나는 매일 한 줌의 우아함을 공기처럼 필요로 하는 사람이다. 잔잔한 예술 애호가로서의 자아를 잃어버리면 지나치게 초라한 기분만 남기에 무리하지 않는 선에서 예술을 즐기며 나답게 살아간다. 유지에는 언제나 노력이 필요하다는 자각 속에 오후 3시나 5시처럼 낮 동안에 열리는 공연을 중심으로 정기적으로 공연 관람 스케줄을 짜기 시작했다. 가끔 꼭 보고 싶은 공연이 있으면 저녁 시간도 포함해야겠지. 작은 소극장에서 모던 발레를 보고, 클래식 음악을 들을 때면 확실히 내 삶에서 예술이 있고 없고가 매우 중요하다는 확신을 가진다. 나는 우아함이 결핍된 상태이니 이를 충족시키는 시간이 반드시 필요하다. 이런 한때를 보내고 나면 교양의 오라(Aura)가 나를 휘어 감는데, 기분 탓인지 어떤 뇌의 작용 때문인지 사람이 한층 차분하고 고상해진 느낌이다. 아무래도 환경에 강하게 영향을 받는 편이라서 지적이고 우아한 시간에 자주 노출될수록 사람의 분위기가 어딘가 그렇게 변하는 듯하다. 어디까지나 혼자만의 착각이거나 결핍을 채웠다는 만족감에서 느껴지는 감각일지도 모르지만. 게다가 전시나 공연에 갈 때는 예술가에 대한 존중의 표시이기도 하고, 일종의 TPO일 수도 있지만 단지 내가 즐겁기 위해 분위기에 맞춰 옷장에 몇 벌 없는 격식 있는 옷가지를 고심해서 고른다. 실내악 공연을 보러 간 날에는 화이트 셔츠에 치노 팬츠를 단정하게 입었다. 연주자 4~5인으로 구성된 단출한 무대와 잘 어울리는 차림이라고 생각했다. 무용이나 오페라를 볼 때는 검은색 원피스에 스카프와 액세서리로 포인트를 준다. 나에게는 비교적 화려한 차림새로, 무대 역시 화려하게 연출되고 퍼포먼스도 다채로운 편이니까 이런 차림이 더 호응되는 면이 있다. 예술, 장소, 관람객의 삼박자가 조화를 이루면 충만해지니 이는 기본이고 내게 공연 프로그램의 예습과 복습은 선택이다.

　보다 현실적인 공연의 장점을 꼽자면 집중력을 길러준다는 데 있다. 무대를 2~3시간 동안 지켜보고 나면 때로 지루하거나 때로 몰입감이 최고조에 다다를지라도 어떤 상황에서든 끝마치는 힘이 생긴다. 내 취향에 맞지 않다고(그런 일은 종종 생긴다) 잠을 자거나(재즈 공연에서는 저음의 콘트라베이스 소리가 자장가로 들려 나도 모르게 눈이 감겼지만) 도중에 나가는 무례를 저지를 수는 없지 않은가. 영화관도 비슷한 힘을 발휘하나 녹화된 필름을 재생하는 것과 예술가의 표현을 눈앞에서 같이 호흡하며 관람하는 건 다르다. 인간의 자기표현 욕구를 고스란히 드러내는 고도로 훈련된 예술가들이 감정을 표현하고 교류하는 공연 예술만의 매력이 있다. 주의 산만과 거리가 먼 이런 시간은 한 권의 책을 집어 들고 어찌 되었든 끝까지 읽는 성취감과 같다. 가끔 너무 어렵거나 지루한 책을 마주하면 마지막까지 읽지 않고 책장을 덮곤 했는데 그러면 언제나 미완성이 되고 말았고, 어떤 책은 마지막까지 가보아야 진국이었음을 알게 될 때도 있다. 끝까지 버티는 힘은 '마감'이라는 약속된 시간에서 나온다. 책 한 권의 정해진 분량, 공연 시간, 상영 시간처럼 명확하게 눈에 보이는 것들이 중도에서 그만

두지 못하게 한다.

포기, 그만둔다, 잊히고 말았다…. 앞서 더는 시간을 쓰지 않기로 결정한 관심사 중에 여유를 되찾으면 다시 해보고 싶은 취미들이 있다. 포기라는 말 대신 중단이라 불러본다. 그러니까 잠깐 멈춤 상태일 뿐이라고. 마음속 한구석에 잘 간직하고만 있다면 언제든지 다시 살아날 수 있기에 지나치게 자기 연민에 빠지지 않아도 되고, 후회할 필요도 없다. 그저 필요한 건 재시작을 위해 쏟아부을 시간과 에너지다.

작은 목표의 힘

이제부터 유제품 단식 30일이다! 냉장고에서 꺼낸 마지막 요거트를 그릇에 담으며 새로운 프로젝트를 다짐한다. 가볍게 해보는 30일의 도전. '왜 그렇게 자신을 괴롭히지 못해서 안달인가요?'라고 스스로 묻기 전에 계속 대단치 않은 프로젝트를 설정하는 것 자체가 일종의 오락이 아닌가, 싶다. 식비를 정산하다 보니 요거트에 쓴 비용이 엄청났다. 소비한 돈은 거짓말하지 않으니까 정말 많이 먹긴 했네.

"지방 섭취를 좀 줄여보세요. 올리브오일, 견과류, 유제품 모두 결국 지방이에요."

체지방이 잘 빠지지 않아서 담당 트레이너 선생님과 상담을 했는데, 내가 지방을 하루 섭취 권장량보다 더 먹는 상황이라는 설명을 들었다. 식비도 초과 지출한 데다 간편한 단백질 섭취라고 여겼던 유제품이 결국 지방 과다 섭취인 셈이라니까…. 내가 가장 좋아하는 마음가짐인 '한번 해볼까?'가 움텄다. 치즈와 요거트를 당분간 멀리하면서 몸의 변화를 관찰해보기로 했다. 겨울의 홈카페 한정판인 밀크티도 잠시간 안녕. 나의 관심사는 주로 웰빙이라서 몸의 기력을 올리는 데 최선을 다하기에 유제품 단식 같은 작디작은 목표에도 거리낌이 없다. 이 모든 작은 프로젝트가 나아가는 궁극의 목표는 표준 체지방률 달성이지만, 언제 골인 지점에 이를지 알지 못한다. 오래 걸리더라도 무리하지 않은 선에서 시도하고 있으니까 언젠가 도달하겠지. 처음에는 빨리 목표를 이루고 싶은 조급증이 일어 괴로웠지만, 여러 시도 자체를 재미라고 여긴 후로는 마음이 편해졌다. 작은 목표는 기대와 보상 모두가 작아서인지 성취를 해도 '이게 되는구나' 정도로 끝나고, 실패한다 해도 '이렇게는 안 되는구나' 하고 금방 받아들여 언제든 다시 하면 그만이라는 자신감도 붙는다. 이게 바로 소동물의 생존방식이라고! 안전한 게 제일이야, 편안함이 최고야, 라며 몸집을 작게 만들어서 생존력을 높이는 내게도 일상의 지루함은 밀려와서 가끔 뭐라도 해볼까 싶어지는데 이때 잔잔함을 유지하면서도 약간의 악센트로 삶에 생기를 불어넣는 작은 시도가 딱 맞다.

"새벽에 수영을 하고 있어. 밤에는 야근할 때가 있으니까."
"올해 목표는 책 100권 읽기야."
"퇴근 후에 자격증 공부 중이야."

목표를 가지고 있는 사람에게서 건실하다는 인상을 받는다. 다분히 믿음직스럽다. 그 사람이 실질적으로 이룬 게 없어도 뭔가 하고 있다는 그 자체로 와, 대단하다고 격려하고 응원하게 된다. 자신 역시 나아가고 있다는 자각만으로도 긍정의 미소가 생기는 마법이 따른다. 새해가 되면 다들 이룰 법한 올해의 목표를 정하고 시간을 어떻게 안배할지 고민하고, 계획을 세우는 그 자체로 기대감에 부풀기 마련이니까.

"원하는 바를 입 밖으로 내뱉으면 안 된대."

"그건 또 무슨 소리야? 보통 말하는 대로 이뤄진다고 하잖아."

"반대되는 견해인데, 입 밖으로 뱉으면 머리로는 이미 현실이 되었다고 착각해서 더는 노력하지 않는대."

"그래서 이제까지 이루지 못한 목표가 한가득이었나!?"

친구와 대화를 하다가 나 역시 사람들에게 말하지 못했던 목표에 진심이었음이 떠올랐다. 아무에게도 말하지 못할 만큼 간절히 바라고 노력해왔던 시간들. 입 밖으로 내뱉고 나면 어딘가 각오도 자세도 가벼워지고 말 테니 쉽게 떠들어대지 못했다. 친구의 말처럼 큰 목표야말로 작심삼일로 끝나지 않는다. 평생을 매달리기도 하는, 마치 무협극의 주인공처럼 임할 법하다. 보통 줄거리는 강호에서 떠도는 주인공이 마음속에 복수를 다짐하며 원수에게 다가가기 위해 체계적인 과정을 밟는다. 일단 어릴 때 무술과 같은 기술 연마를 시작하고 더 자라서 원수의 개인 정보를 수집한 다음 그의 주변 사람을 하나하나 포섭해나가면서 복수를 완성한다. 큰 포부가 있기에 포기를 부르는 순간에도 금세 회복하고 그 하나를 보고 끝까지 달린다. 뼈에 새겨진 목표 의식이 가져온 열망은 집중력을 최대치로 끌어올리기에 성취도 좋아 우수한 인재로 이름을 날리는 것이 극 중 클리셰다. 다만, 목표에 미쳐 있는 상태라서 주변 사람을 살피지 못하거나 자신을 혹사시키는 정도가 드라마에서의 갈등 상황이다. 복수라는 설정을 빼고 현실에 빗대보면 미디어에서 흔히 접하는 성공한 사람들의 커리어 트랙도 크게 다르지 않다. 확실한 삶의 방향성을 가지고, 이를 이루기 위한 방법을 알아내어 단계별로 실현하기. 그다음은 얼마만큼 미칠 수 있는지가 관건으로, 운이 따라줄 때까지 포기하지 않아야 한다. 내가 어릴 때 배운 성공 공식은 대체로 이런 느낌이었다. 지금에 와서 편히 바라보면 사람의 역량은 저마다 다른 법인데, 그만큼의 에너지를 내지 못하는 경우에 같은 전략을 취하면 삶은 당연히 괴로워진다. 보통 어제의 나와 비교하며 오늘 얼마나 발전을 이뤘는지 보라고 하지만 갑자기 건강이 나빠지거나 한다면 과거의 나마저도 넘어서지 못한다. 굳이 자신을 괴로운 상황에 밀어 넣을 필요 없이 그저 지금 할 수 있는 수준에서 해볼 만한 일거리를 찾으면 되지 않을까. 그게 커리어든 생활이든 인간관계든. 역시 소동물적 발상이려나.

요즘 내게는 이루고 싶어 안달 난 일생의 과업 같은 목표는 없지만, 작고 현실적인 목표라면 얼마든지 있다. 이쪽이 오히려 재미있고 지금 에너지 수준에도 딱 맞다. 예컨대 다도를 떠올려보자면, 제대로 마시고 싶은 기운이 샘솟는 날이면 산에 물부터 기르러 간다. 하산할 무렵 약수터에 들러 물병 가득 약수를 담아 배낭에 넣고 집에 돌아온다. 같은 찻잎이라도 어떤 물로 우리느냐에 따라 맛이 크게 달라져서 미네랄이 풍부한 약수로 차를 우리면 부드러운 차의 질감이 입안 가득 느껴지고 향도 더 그윽하다. 이때만큼은 찻잎 양도 정확하게, 물의 온도와 양, 우리는 시간까지 세심하게 지킨다. 보통 한 잔의 차를 맛있게 마시려면 취향에 따라 3~5그램 정도의 찻잎 양을 권장하므로 잎차를 저울에 달아 사용하고 있지만, 목표에 따라 다르게 접근한다. 차 한잔을 가볍게 마시고 싶은 날에는 저울의 2.89그램과 같은 숫자에도 '이 정도면 괜찮지 뭐' 하며 대충 하고 만다. 약수부터 준비하고, 우리는 과정 전체에 공을 들일 때면 완벽에 가까운 차의 맛이 느껴진다. 대충 우린 캐주얼한 차는 맛은 부족해도 쉽고 편안하다. 아무려면 어때, 사람이 늘 진지하게 살아간다면 너무 힘들잖아. 때로는 엄격하게, 때로는 힘을 빼고 임하다 보니 수년째 차와 함께하고 있는걸. 여기서 더 욕심이 나면 단계를 올려보기도 하고, 아니라면 같은 수준에서 머물러도 괜찮고. 딱 이 정도의 감각으로 살아가고 있다.

○
한 번에 하나만,
모노태스킹을 하다

아침에 스트레칭을 하다가 요가 블록에 새겨진 영어 문장이 눈에 띄었다. 해석해보자면 '뇌는 의식적으로 한 번에 하나의 생각만 담을 수 있어요. 긍정적인 생각을 선택하세요'라는 뜻이다. 나는 긍정이라는 말보다 뇌가 한 번에 하나만 담는다는 말에 더 눈길이 쏠렸다. 이것이야말로 시간 관리의 핵심이 아닐까! 사람들은 시간을 착즙해서 쓰지 않으면 큰 손해라도 볼 것처럼 바삐 산다. 여러 가지 일을 동시에 처리하는 멀티태스킹 능력을 높이 사는 사회 분위기도 한몫하는데, 운전하면서 받는 업무 통화처럼 집중력을 끌어 써야 하는 고도의 작업을 동시에 하거나(나는 회의를 하면서 급히 처리해야 할 이메일을 동시에 쓰곤 했지만), 음악을 들으며 책을 읽거나(진정한 휴식의 순간 아닌가), 밥을 먹으면서 영상을 보거나(다들 이렇게 살던데?) 하는 식이다. 이렇게 끝도 없이 두 가지 이상의 일을 해왔다. 전혀 의식하지 못한 채 당연히 그래도 된다고 생각했다. 그럴 능력이 되니까 뇌도 처리해준 것 아닌가.

과학자들이 멀티태스킹의 좋은 점을 알아냈을지 모른다며 열심히 구글링을 해보았지만, 어디에서도 동시에 여러 일을 하라고 권하는 자료는 찾지 못했다. 대신 폐해는 자주 마주했는데 요약해보면 기억력 감퇴, 주의력 부족이 있고 궁극적으로 치매 발생 위험을 높인다고 한다. 한 번에 여러 일을 처리하려 하지 말고 하나에만 집중하자.

"역시 여자들이 멀티태스킹을 잘해."

언젠가 회사 상사가 우직하게 한 가지 일에 매달려 있는 남자 선배와 전화를 받으며 동시에 손으로 내용을 요약해 메일을 쓰면서(전화 끊으면 바로 내용 요약본을 메일로 날려줄 테다! 하는 각오로), 바삐 일하는 내 모습을 비교하며 멀티태스킹을 긍정적으로 평가했다. 그때는 내심 내가 이겨서 뿌듯하다고 우쭐

했지만, 그게 좋은 게 아님을 이제는 안다. 남녀의 생물학적 차이는 없으나 사회에서 여자들에게 여러 일을 동시에 처리하는 역할을 요구해서 멀티태스킹에 능한 것뿐이라는 기사를 읽고선 '그저 사회화의 결과였군, 멀티태스킹을 잘한다고 스스로 자랑스럽게 여기지 말아야겠어. 오히려 피해야 하는 상황이잖아'라고 회의적인 시각을 탑재했다. 남녀의 치매 발병률을 비교해보면 여자 쪽이 훨씬 높다. 멀티태스킹에 따른 결과라고 하기엔 갱년기 수면 장애와 같은 복합적인 요인이 있다지만, 치매가 두려운 만큼 새로 알게 된 위험은 피하고 싶다. 게다가 질병의 두려움은 둘째 치고 무엇을 위해서 이토록 바쁘게 살아야 하는가, 라는 자각이 먼저 든다.

오랫동안 식사할 때는 식사만 하자는 규칙을 만들고 지키려 했으나 잘되지 않았다. 조용한 공간에서 홀로 음식 먹는 소리만 듣다 보면 어색했고, 자꾸 딴생각이 났다. 사과, 당근… 로메인, 적양배추, 마지막으로 브로콜리의 맛. 이렇게 하나하나 음미하며 식사를 하는 어색함. 식사 시간을 보다 즐겁고 유용하게 쓰고 싶으니 책을 읽거나 영상을 보기도 했다. 방금 뭘 삼켰는지도 가끔 알 수 없게 되었지만. 내 경우 업무나 공부를 할 때는 적정 수준의 과제일 경우 한 번에 하나에만 집중이 잘되는데 식사나 걷기처럼 무의식적으로 하는 행위만큼은 단 하나만 하기 어렵다. 하나만 할 경우 차분함이 스미지만 지루함과 8초 만에 바뀌는 생각들로 머리는 산만했고. 이를 알아차리고 다시 식사나 걷기 자체에 집중하면 이게 바로 마음챙김이라고 의식한다. 언제나 실패해왔던 바로 그것을 나는 모노태스킹이라 이름 붙여 다시 시도하는 중이다. 그 본질은 같을 텐데도. 역시 이 세상은 역설로 가득 차 있다. 우리가 무심코 하는 편안한 자세가 몸의 변형을 일으키고, 중독을 일으킬 만큼 즐거운 것들이 뇌를 손상시키고 몸을 망가뜨린다. 분명 두 가지 일 이상을 동시에 할 수 있는데도 뇌 입장에선 부담이라고 하듯이. 생각해보면 여러 일을 동시에 할 때 그전에 뭘 했는지, 다음에는 뭘 해야 하는지 잠깐 기억나지 않을 때가 있다. "내가 지금 정신이 없어"라고 내뱉은 말이 뇌에 과부하가 왔다는 증거였다.

흔히 행복하려면 현재를 살아야 한다고 말하지만, 나는 그 의미를 진정으로 알지는 못했다. 머릿속으로 늘 과거와 미래를 오가기 바빴던 내가 처음 이해한 현재시제는 오늘 하루를 알차게 살면 된다에 가까웠다. '카르페디엠'은 사람들의 여러 SNS 프로필 소개 문구에서 목격할 정도로 흔한 경구이지만, 그런 말을 입에 달고 사는 사람들 중 진정으로 그 진리를 깨우친 경우를 만나본 적은 없었다. 진짜 오늘을 즐기며 사는 사람은 굳이 그런 다짐을 할 필요가 없으니 알 턱이 없고. 요즘 내가 이해한 현재란 바로 지금을 의미하는 동시성을 뜻한다. 지금 이 순간 하고 있는 과제 하나에만 집중한다면 삶의 질은 몰라보게 달라진다. 나는 종종 집 앞 피트니스센터에서 트레드밀 위를 걸으며 스마트폰을 들여다보고 다시 내려놓고 다시 들었다 내리기를 반복하는 사람들이나 걸으며 기구 앞 모니터로 드라마나 예능을 보는 경우를 종종 목격하는데 정말 운동이 되는 건지 의구심을 품는다. 몸 따로 머리 따로, 몸은 여기에 있지만 마음은 저 멀리 가 있다. 이 역시 저강도의 걷기는 무의식적으로 가능하기에 멀티태스킹으로 지루함을 없애려는 수단일 것이다. 나는 산만함에 저항하고 몰입감을 끌어올리는 연습을 하는 중이라 운동을 하면 오직 그 순간에만, 내 몸의 자세에만 신경 쓰면서, 머릿속으로 어떤 생각이 오가는지 관찰한다. 트레드밀에 으레 붙어 있는 눈앞의 모니터를 끄고, 스마트폰은 애초에 휴대하지 않는다.

디지털 디톡스, 마음챙김, 몰입, 모노태스킹…. 이 모두가 가리키는 지점은 하나, 바로 집중력이다. 이 모든 훈련은 평정심과 연결되어 몸과 마음이 지치지 않는 유일한 방법으로 수렴된다. 어쩌다 이토록 산만한 세상이 되었는지 개탄스럽다. 일주일 단위로 최신 유행 옷을 판매하는 SPA 브랜드가 소비의 속도를 높였다면, 디지털 세계에서는 틱톡이 시작한 60초 이내의 숏폼 동영상이 이제는 각종 소셜미디어에까지 들불처럼 번졌다. 온라인 배송은 최근 반나절 만에 받아보기도 할 만큼 점점 빨라져 오프라인 상점이 고사할 지경에 이르렀고, 나는 지금 해외 구매대행도 아닌 국내 발송 물품을 일주일째 기다리고 있는데, 점점 인내심이 바닥날 지경이다. 당장 주문 취소 버튼을 누르고 싶지만, 필요한 물건이라 꾹 참고 있다. 느긋한 하루를 보내는 와중에도 몇 가지 일에서는 불필요하게 조바심을 낸다. 빠른 배송을 맡겨두지도 않았으면서 평소와 다르다고 불만이 생기다니. 생활을 느린 속도로 조정한다 해도 나를 둘러싼 환경은 속도전을 하며 시간을 다투기에 나도 덩달아 휩쓸리고 만다. 세상이 자꾸 더 빨리 살라고 재촉하는데도 생물학적으로는 느리게 나이 들어야 한다는 아이러니란. 이 모든 부조리 속에서도 늘 그렇듯이 편안한 지점을 찾고 싶다.

나는 계속 내려놓는다. 마음속으로 하고 싶어, 해야만 해,

필요해, 와 같은 감정이 움트지만 하지 않았던 일들이 많다. 그때마다 쫓기고 어딘가 모자라고 부족한 기분이 들었는데 이제는 오히려 하지 않는 여백이 더 중요함을 안다. 불쑥 생겨난 욕망은 진짜 내가 원하는 바가 아니었는지 단번에 관심이 사그라들었다. 이 같은 가짜 설렘은 그저 디지털 세상에서 얻은 과도한 정보로 인한 불필요한 잡음임을 한 걸음 물러서서 바라보니 알게 된다. 자꾸 무언가 더 하려고 들지 않고, 하지 않아도 될 과제를 배제한 채 나의 최우선 순위의 일에 집중하는 요즘, 치밀하게 짜인 계획표가 없어도 구체적인 하나의 목표가 있고, 단순한 규칙에 따라 차분히 임하며 매일 소소한 결과를 얻는다. 지금 이 순간 눈앞의 과제 하나에만 몰두하기. 그토록 바라는 몰입의 시간이다.

후기

시간 부자로
살아가기

몇 년 전 '갓생'이라는 말이 유행이었습니다. 신을 의미하는 갓(GOD)과 인생의 생(生)을 결합한 신조어였죠. 삶의 질 향상을 위해 자기 계발적 루틴을 짜서 지키는 사람들을 '갓생러'라고 불렀습니다. 저도 갓생러에 속하는 사람이었습니다. 어른으로 살다 보니 할 일이 참 많았거든요. 업무에 시간 대부분을 쓰면서도 생활 챙기기, 건강관리와 공부가 중요했고 틈틈이 취미와 사교도 이어가야 했죠. 그중 가장 의아한 것은 저의 지적 결핍이었습니다. 늘 해야 할 공부가 산더미처럼 추가되었어요. 인터넷에서 접하는 엄청난 정보량이 가져온 불안 때문이었습니다. 그래서 30분이나 1시간 단위로 관련 공부를 했죠. 예컨대 트렌드 파악 30분, 영어 1시간, 전문 분야 독서 1시간 이렇게요. 정말 숨 쉴 틈 없이 세상이 변했어요. 그런데 디지털 디톡스를 하고 현실에서 조용히 살다 보니 뭐가 그렇게 빨리 변하는지조차 알지 못한 상태로 여유롭게 살게 되었고, 지금은 공부 압박감에서 벗어나 최우선 순위만 집중적으로 공략할 뿐 시간을 쪼개 여러 분야를 탐닉하고 있지는 않습니다. 무엇이든 한 번에 하나에만 집중적으로 쏟아부어야 제 것이 됨을 이제는 잘 알고 있고, 덕분에 산만함이 많이 줄었습니다.

○ 하지 않는다

요즘은 시간을 마음껏 올바르게 낭비하고 있습니다. 자투리 시간이 생기면 멍하니 있거나 아무것도 하지 않습니다. 이제 저에게 하지 않는다는 더 이상 부정적인 의미가 아닙니다. 다음 일에 집중하기 위해 에너지를 절약하는 시간이기 때문입니다. 여태 이렇게 멍하니 있지 못해서 빨리 지친 게 분명하니까요. 요즘 일과표는 무척 심플해 한두 가지에 집중하고, 나머지는 몸에 밴 습관대로 움직이기만 하면 되는 수준이라 피로감도 적죠. 특히 이것저것 닥치는 대로 관심을 갖지 않게 되자 두뇌가 공회전하지 않게 되어 정신력이 새어나가지 않습니다. 보통 미래를 비관하며 지금 대책을 세워야 한다고 경각심을 가지고 살아가는 편이었습니다만, 어느 순간부터 과한 계획성이 저를 좀먹는 사고방식임을 알게 되었고 점점 별다른 걱정을 하지 않게 되었습니다. 그래도 지금 하는 굵직한 일을 마치면 다음에 착수할 과제가 늘 있기에 아주 긴장감 없이 살지는 않습니다.

○ 쓰지 않는다

그러고 보니 더는 할 일 목록을 쓰지 않고 있어요. 머리로 기억하는 일들만 처리하면 되기에 매사에 체크할 만큼 일이 많지는 않습니다. 게다가 머릿속에서 계속 복기되는 주요한 숙제가 있다면 일과의 가장 처음에 해버리고 머릿속에서 지웁니다. 애초에 별다른 스케줄이 없는 편이 가장 좋다고 생각하죠. 물론 직업적으로 바삐 산다면 타인과의 약속을 관리하기 위해 스케줄러나 할 일 목록이 꼭 필요하겠지만, 몇 가지 중요한 마감만 지키면 되는 지금 저에게는 더는 필요치 않습니다.

시간이 돈이라는 말을 많이 하는데, 그만큼 공통점이 있습니다. 가진 것에 비해 많이 쓰면 쓸수록 가난해진다는 점이죠. 없어지기 때문입니다. 하루는 모두에게 동일하게 주어지나 그 값은 저마다 다릅니다. 빌 게이츠가 1초에 150달러를 벌기 때문에 바닥에 떨어진 100달러를 줍지 않는 게 이득이라는 우스갯소리가 있었죠. 그러나 제가 생각하는 진정한 시간 부자란 시간을 1분 1초까지 아껴서 생산적인 일로 바꾸고 돈을 버는 사람이 아닙니다. 쉬고 싶을 때는 언제라도 쉬어갈 수 있는 여유가 있는지, 매사에 쫓기지 않는지, 내 시간의 주인이 온전히 나인지에 달려 있습니다. 놀랍게도 그동안 아무도 바삐 살라고 강요하지 않았는데도 제가 저를 몰아붙여왔더라고요. 내 본분을 다하겠다는 책임감에서, 또 부탁을 거절하지 못해서 시간 부족에 시달렸습니다. 이제는 다른 방식으로도 살아갈 수 있음을 알기에 앞으로의 제 시간은 더욱 느리게 흘러갈 거라 믿습니다.

소란한 세상에서 나만의 리듬이 필요할 때
느리고 명랑하게, 매일 하는 심신단련

초판 1쇄 인쇄 2025년 6월 19일
초판 1쇄 발행 2025년 6월 26일

지은이 신미경

대표 장선희　**총괄** 이영철
책임편집 현미나　**기획편집** 정시아, 안미성, 오향림
책임 디자인 양혜민　**디자인** 이승은
마케팅 김성현, 유효주, 이은진, 박예은
경영관리 전선애

펴낸곳 서사원　**출판등록** 제2023-000199호
주소 서울시 마포구 성암로 330 DMC첨단산업센터 713호
전화 02-898-8778　**팩스** 02-6008-1673　**이메일** cr@seosawon.com

홈페이지　**인스타그램**

ⓒ 신미경, 2025

ISBN 979-11-6822-438-4　03810

- 이 책은 저작권법에 따라 보호를 받는 저작물이므로 무단 전재와 무단 복제를 금지합니다.
- 이 책 내용의 전부 또는 일부를 이용하려면 반드시 저작권자와 서사원 주식회사의 서면 동의를 받아야 합니다.
- 잘못된 책은 구입하신 서점에서 바꿔 드립니다.　• 책값은 뒤표지에 있습니다.

 서사원은 독자 여러분의 책에 관한 아이디어와 원고 투고를 설레는 마음으로 기다리고 있습니다.
책으로 엮기를 원하는 아이디어가 있는 분은 서사원 홈페이지의 '출간 문의'로
원고와 출간 기획서를 보내주세요. 고민을 멈추고 실행해보세요. 꿈이 이루어집니다.